성공하는 **1%**
직장인
탐구생활

성공하는 1% 직장인 탐구생활

ⓒ 이희경 2009

초판 인쇄	2009년 12월 15일
초판 발행	2009년 12월 25일

지 은 이	이희경
펴 낸 이	김승욱
편 집	김승관 김민영
디 자 인	엄혜리 최윤미
마 케 팅	이숙재 우영희
펴 낸 곳	이콘출판(주)
출판등록	2003년 3월 12일 제406-2003-059호

주 소	413-756 경기도 파주시 교하읍 문발리 파주출판도시 513-8
전자우편	book@econbook.com
전화번호	031)955-7979
팩 스	031)955-8855

ISBN 978-89-90831-77-4 03320

이 도서의 국립중앙도서관 출판시도서목록(CIP)은 e-CIP 홈페이지(http://www.nl.go.kr/ecip)에서 이용하실 수 있습니다.
(CIP제어번호: CIP2009003973)

성공하는 1%
직장인
탐구생활

이희경 지음

Survival Kit

이콘

• 일러두기

본문에 등장하는 인물은 현장 인터뷰 대상자와 유명인을 제외하고는 모두 가명으로 처리하였음.

추천사

나는 나의 재능보다 다른 사람의 재능에 더 관심이 많다. 이것은 헤드헌터로서의 직업병이자 나의 강점이다. 현재는 개인의 경쟁력이 주도하는 사회이며 기업 성공의 변수는 곧 인재라는 것에 반기를 들 사람은 없을 것이다. 나는 '세상에서 가장 소중한 가치는 사람에 있다'고 믿는 사람이다. 사람과 일, 사람과 사람, 그리고 사람과 그 사람의 능력을 조화시키는 것이 모든 조직의 첫 번째 과제이기 때문이다.

나는 국내 10위권 안에 드는 대기업 CEO들을 매일 접촉한다. 그래서인지 사람들은 나에게 기업의 수장들이 원하는 인재상에 대해 자주 묻는다. 그 답들은 대부분 우리 모두가 이미 알고 있는 것들이다. 성실하고 유능한 이들은 어떤 조직에서든 인정받기 때문이다. 다만 아는 것을 그저 아는 것으로 끝내느냐 직접 실천에 옮기느냐 하는 문제가 핵심이다.

기업에서는 전투사를 원한다. 역경과 고난을 극복한 적극적인 인재를 필요로 한다는 뜻이다. 또한 업무 능력만 가진 인재를 원하지 않는다. 성품, 인간관계, 도덕성, 건강, 외모 등 많은 것들을 요구한다. 이 모든 것을 갖추는 방법과 조직에서 끝까지 살아남는 진정한 멀티 플레이어가 되는 비결이 바로 이 책에 담겨 있다.

이 책에는 내가 하고 싶은 얘기들이 구석구석 숨어 있다. 책을 읽어내려가며 마치 내가 직접 쓴 것이 아닌가 착각을 한 구절도 많았다. 그도 그럴 것이, 10년이 넘는 직장 생활 동안 수많은 사람들을 만나 대화를 나누고 그들의 파란만장한 행적을 관찰해온 그녀의 내공 역시 보통은 아니기 때문이다.

책에서 실명으로 인터뷰를 나눈 직장 생활의 고수들은 일곱 명이지만, 실제로 이 책의 주인공은 그녀가 만난 수백 명의 직장인들이다. 강한 경쟁력으로 무장한 우리 주변의 전문 직장인들을 한 권의 책으로 만나볼 수 있다는 것은 반가운 일이다. 그들의 열정과 불안, 성공과 좌절이 모두 고스란히 집약되어 있는 이 책을 읽고 여러분이 할 일은 딱 하나이다. 나에게 필요한 덕목을 찾은 후 그것을 취하는 것.

나의 휴대폰에는 이천 명의 이름이 저장되어 있다. 이천 명까지만 저장이 되기 때문이다. 자주 삭제하고 등록하며 업데이트를 한다. 기업을 흥하게 하는 것도 망하게 하는 것도 모두 사람이다. 사람을 통해 얼어붙은 직업 사회를 녹일 수 있다고 믿는다. 나에게 일은 권력이나 생계 수단을 위한 것이 아니다. 조금 거창하지만, 나의 본분에 매진하는 것은 곧 고객과 사회를 위한 의무이다. 여성 헤드헌터 1호라는 칭호는 내게 큰 의미가 없다. 핵심은 내가 하는 일이 기업과 인재 모두에게 희망을 준다는 사실이다.

이 책 역시 여러분에게 희망을 줄 것이다. 그녀가 공개하는 성공 비밀 1%가 당신의 책상을 든든하게 지켜줄 것이다. 뿐만 아니라 동료들과 선후배들에게 인정받는 골든 직장인으로 거듭나게 할 것이다. 이 책을 책상 앞에 꽂아두고 성공적인 직장 생활을 위한 매뉴얼로 활용하는 이가 많아지기를 기대해본다.

2009년 11월

유 순 신 (유앤파트너즈 사장)

들어가는 글

　　나의 경험을 되돌아보면 경영학의 그루인 피터 드러커의 명언 한 구절보다는 내 직장 상사가 점심 먹으면서 던진 한마디 말이 더 나를 자극했던 것 같다. 사회생활을 늦게 시작해서 빨리 남들을 따라잡고 싶었던 욕심에 처음에는 책에서 답을 얻으려고 노력했다. 하지만 점점 업무현장에서 만나는 주변 사람들에게서 더 많이 배운다는 것을 알게 되었다. 살아 숨 쉬는 교훈들이 매일 내 주위를 걸어 다닌다는 것을 느끼게 되었고 관심을 가지고 그들을 관찰을 하게 되었다.

　　나에게 있어서는 '사람'만큼 나 자신을 동기부여 하는 자극제가 없었기 때문이다. 어떤 사람의 경우는 최소 몇 달, 최대 10년 가까이 지켜보면서 그들이 어떻게 조직 생활을 헤쳐나가는지 벤치마킹했다. 관찰하다보니 그들의 숨겨진 면모가 보이고 내가 가야 할 길이 보였다. 그들의 진가를 발견하는 것은 마치 자갈밭에서 원석을 발견해냈을 때의 희열보다 더 강렬했다.

10년 동안 많은 이들을 관찰하고 나니, 관찰력도 큰 경쟁력이 될 수 있다는 것을 깨닫게 되었다. 10년간의 관찰력의 결과물들이 이 책에 고스란히 담겨 있다.

이 책에 소개된 사람들은 한마디로 '골든(golden) 직장인'들이다. 어느 위치에서든 반짝반짝 빛나며 자신의 존재감을 마음껏 발휘하는 직장인들, 아직은 유명하지 않지만 조직의 인정을 받으며 자신의 목표를 위해 열심히 살아가는 직장인들, 후배들에게는 한 사람 한 사람이 스승이고 스토리이며 교훈인 사람들, 평범해 보이지만 평범하지 않은 직장 생활에서 고군분투하는 사람들, 승진가도나 고연봉 보다는 조직에서 자신의 성장 과정에 더 가치를 두는 사람들이 바로 그들이다.

출발선은 같아도 그 끝은 확연한 차이가 있기 마련이다. 그런 의미에서 먼저 성공의 길을 걸어간 선배들에게 듣는 조언이 가장 값지고 현실적이라 할 수 있다. 주변에 그런 선배들이 많이 있는가? 그렇다면 그들을 찾아가 직접 조언을 듣는 것이 제일 좋을 것이다. 그러나 아직 그런 멘토를 찾지 못했다면, 이 책에 소개된 골든 직장인들에게서 당신 직장 생활의 해답을 찾을 것을 권한다.

이 책은 직장 생활을 잘하는 사람들의 공통점을 경력 관리, 사내정치, 자기 관리, 리더십, 위기관리 등 다섯 가지 카테고리로 나누어 소개하고 있다. 내가 만난 수많은 사람들 중에서 성공적인 직장 생활을 하고 있는 사람들의 사례를 현장감 있게 소개하고 그 사례를 통해 성공 요소를 찾아보는 형식이다. 우리가 알고 있는 일반적인 성공 요소나 원리원칙보다는 국내 업무현장에서 일어나는 에피소드와 사례위주로 디테일한 면까지 다루고 있다. 각 장마다 현역 직장인 일곱 명의 스토리와 조언도 담겨 있다.

보통 사람들이 하루 중에서 시간을 가장 많이 보내는 곳은 직장이다. 인생이 즐거우려면 직장 생활도 즐겁고 만족스러워야 한다. 그러려면 직장 생활을 잘할 수 있는 방법을 보다 능동적으로 찾아보려는 노력도 필요하다고 본다.

이 책은 사원급 직장인들에겐 직장 생활 전반에 대한 청사진을 잡을 수 있게 도와줄 것이며 중간급 관리자들에겐 앞으로의 직장 생활을 야무지고 가열하게 이끌어갈 원동력을 부여해줄 것이다. 또한 조직의 리더들에게는 아랫사람들을 수월하게 통솔할 수 있는 능력과 자신의 위치를 되돌아볼 수 있는 계기를 마련해줄 것이다.

너도 나도 먹고 살기 힘들다는 요즘, 직장 생활을 그저 지겨운 밥벌이가 아니라 자신의 목표를 향해 나아가는 과정으로 여기고 그 과정에서 이 책을 지침서로 활용한다면 저자로서 더할 나위 없는 영광이 될 것 같다.

2009년 11월
이 희 경

차례

추천사 _ 005

들어가는 글 _ 009

1장 | 경력 관리, 생존의 조건 _지금 쏟는 열정이 10년 후를 결정한다

01 안주하지 않는 샐러던트로 살아간다 _ 019
02 자신에게 맞는 경력의 포물선을 결정한다 _ 024
03 잘 키운 취미가 새 직업을 물어다준다 _ 028
04 어느 구름에 비 올지 모른다. 우연을 기회로 삼는다 _ 033
05 가득 찬 것은 조용하지만 빈 것은 요란하다 _ 039
06 경력가도에서는 역주행도 가능하다 _ 043
07 가치를 발견할 줄 알아야 자리가 보인다 _ 047
08 승진의 메커니즘을 파악한다 _ 051

현장 인터뷰 1 유형수(뉴욕라이프 conservation팀 팀장) _ 057
직장인도 영업 마인드와 CEO 마인드가 필요합니다
_ 보험밥 10년. 본사 근무하다가 과감하게 자영업자인 보험설계사를 경험한 후
  본사로 복귀한 경력 관리의 승부사

현장 인터뷰 2 **임혜진** (넥슨 재팬 웹제작실 실장) _ 063

결국 직접 해보지 않으면 자신이 잘하고 좋아하는 일을 찾기 어렵죠

_ 재미있는 일을 찾기 위해 끊임없이 도전하는 디지털 잔다르크

2장 l 사내 정치, 아는 것이 힘 _회사는 정글이다

09 상사를 공부한다 _ 071

10 CEO에게 눈도장 받는 사람들은 다르다 _ 077

11 줄 서면 팽 당한다 _ 082

12 장기근속자는 새로운 경영진에게 퇴출 순위 1위이다 _ 086

13 눈총도 총이다. 많이 맞으면 죽는다 _ 091

14 송년회나 회식 때 엔터테이너가 된다 _ 094

15 개구리를 개구리로 대접할 줄 안다 _ 098

16 인맥을 다지는 노하우가 있다 _ 102

현장 인터뷰 3 **김선희** (공간건축 인적자원부 팀장) _ 108

상사를 Manage할 수 있어야 직장 생활의 고비도 넘길 수 있죠

_ 비서에서 인사전문가로 변신해 마음지도를 읽을 줄 아는 소통의 달인

3장 l 자기 관리, 성공의 지름길 _하찮은 직장인으로 남을 것인가

17 기회는 내가 쟁취하는 것이 아니라 남이 주는 것이나 _ 117

18 CEO도 웃는 연습을 한다 _ 121

19 돈을 잘 쓰는 것도 능력이다 _ 126

20 아프지 않는 것도 능력이다 _ 129

21 사소한 것에 목숨 건다 _ 133

22 하찮은 일은 없다. 하찮은 직장인이 있을 뿐이다 _ 136

23 질문의 힘을 활용할 줄 안다 _ 141

24 외모는 강력한 경쟁력이다 _ 146

25 사돈의 팔촌 직업도 팔아먹는다 _ 150

26 겨누지 않고 쏘면 100% 빗나간다 _ 154

현장 인터뷰 4 **이진용** (휴렛펙커드 미주본사 영업운영팀 부장) _ 158

직장인이라면 어떤 형태로든 회사의 매출에 기여해야 합니다

_ 은행원에서 MBA학생으로 다시 재무전문가로 변신한 전문 직장인

4장 | 리더십, 성공인의 공통점 _ 리더는 타고나는 것이 아니다

27 2인자 자리도 훌륭한 최종 목표가 될 수 있다 _ 167

28 리더십은 쓰러뜨리기 위해서가 아니라 세우기 위해 발휘한다 _ 170

29 상사는 악역을 맡아줄 부하를 찾는다 _ 175

30 신임 임원은 칼부림을 해서라도 고유영역을 구축한다 _ 178

31 CEO는 권위 빼면 시체다 _ 182

32 현명한 리더는 조직을 공부시킨다 _ 186

33 리더는 덕담과 칭찬의 달인이다 _ 189

34 여성 임원의 리더십은 늘 심판대 위에 오른다 _ 192

현장 인터뷰 5 신승원 (디자인하우스 디자인사업본부 본부장) _ 197

리더라면 조직에서 세컨드 맨을 키우세요

_ 디자인 외길 22년. 고3 수험생 엄마이면서 기획과 영업을 동시에 진행하는 진정한 멀티플레이어

현장 인터뷰 6 김영찬 (NHN 글로벌사업개발실 실장) _ 204

성공은 도달하는 것이 아니라 유지하는 게 관건 아닐까요?

_ 외국계 기업에서 시작해 사업가로 다시 국내 기업으로 간 제너럴리스트

5장 | 위기 관리, 이기는 습관_ 준비된 자만이 어려울 때에 진가를 발휘한다

35 회사가 어수선할 때는 납작 몸을 낮추고 때를 기다린다 _ 213

36 불안하면 실수한다. 바닥까지 보이지 않는다 _ 219

37 각자대표 체제에서는 고래들 틈에서 새우등 터진다 _ 223

38 인내심도 경쟁력이다. 어려울수록 자신과 싸운다 _ 226

39 무능한 직속 상사에게는 정공법보다는 우회법을 쓴다 _ 230

40 직장을 잃는다고 미래까지 잃는 건 아니다 _ 234

현장 인터뷰 7 인치범 (SK커뮤니케이션즈 홍보팀 팀장) _ 238

나를 괴롭히는 사람이 나를 키우는 스승이라고 생각하세요

_ 홍보밥 14년. 다양한 회사에서 근무하면서 언론 위기 관리 분야의 베테랑

감사의 글 _ 243

1장

경력 관리, 생존의 조건

지금 쏟는 열정이 10년 후를 결정한다

대나무는 씨를 뿌리고 난 후에 4년이 지나야 땅 위로 싹을 틔운다고 한다. 그 이후에 90일 만에 20미터가 훌쩍 자란다고 한다. 농부는 눈으로 확인할 수는 없지만 4년 동안 꾸준히 물을 주며 키우는 것이다. 땅 밑에서 잘 자라고 있다고 믿으면서. 우리도 농부의 마음으로 자신에게 물주는 일을 게을리 하지 말아야 할 것이다. 당장 성과가 눈에 보이지 않더라도 자신이 빛나는 존재로서 서서히 성장하고 있다는 것을 믿으면서.

01

안주하지 않는
샐러던트로 살아간다

　몇 년 전부터 직장인들 사이에서 '샐러던트(saladent)'라는 말이 회자되었다. 이 말은 샐러리맨(salaryman)과 스튜던트(student)가 합성된 '공부하는 직장인'이라는 뜻의 신조어이다. 이 말의 뜻을 풀어보면, 직장 생활을 하면서 자기계발을 위해 공부하거나 배우는 것을 병행하는 사람들을 의미한다. 현재 자신이 종사하고 있는 분야에 대한 전문성을 높이기 위해 자격증을 준비하거나 야간 대학원을 다니는 사람, 혹은 이모작 인생을 준비하기 위해 창업 준비 과정을 다니는 사람, 혼자 책을 읽으면서 관심 분야를 공부하는 사람, 업무에 필요한 어학 실력을 늘리기 위해 영어 학원을 다니는 사람 등이 여기에 포함된다.

　현재 증권회사에서 애널리스트로 근무하고 있는 30대 중반의 김민철 씨는 샐러던트의 훌륭한 변신 사례를 보여주고 있다. 그는 대학에 들어가면서부터 주식에 관심을 갖기 시작했다. 그래서 대학시절에는 전공 수업보다는 주식 공부를 더 열심히 했다. 수익률도 꽤 좋은 편이어서 전업 투자자의 길도 진지하게 고려했으나 부모님의 권유로 직장 생활을 시작했다. 금융권에서 근무하고 싶었지만 IMF의 여파 때문에 상황은 여의치 않았다. 그래서 일단 꽤 규모가 있는 가구회사의 인사팀에 입사했다. 그런데 업무에서는 별 재미를 느끼지 못했다. 그래서 그는 회사 다니면서 공부하는 샐러던트의 길을 선택했다. 지금은 아니라도 10년 내에는 금융권에 진입한다는 목표를 세웠기 때문이다. 주식과 관련된 책을 탐독하고 인터넷 수업을 듣기 시작했다. 또한 주식 동호회 활동도 열심히 했다.

한편, 자신의 투자 포트폴리오에서 가장 비중이 높은 회사인 A사의 소액주주 모임에서도 적극적으로 활동했다. 주주 게시판을 통해 그가 회사의 입장에 서서 주주들을 주도하는 활동 등을 유심히 지켜보던 A사의 대표이사. 이 대표이사는 그에게 이 회사의 주식담당자로 근무해달라고 스카우트 제의를 해왔다. A사는 한창 무럭무럭 커가고 있는 국내 리딩 벤처기업이었기 때문에 김민철 씨의 입장에서는 마다할 이유가 없었다. 결국, 그는 한 우량 벤처회사의 소액투자자에서 그 회사의 주식 업무를 보는 직원으로 변신했다.

그는 여기에 만족하지 않았다. 오히려 이 시기부터 샐러던트의 생활에 박차를 가했다. A사에 근무하면서 자신이 가고 싶었던 금융권으로의 진입을 구체적으로 계획했기 때문이다. 그래서 낮에는 일하고 밤에는 공부해서 5년 동안 필요한 자격증을 모두 취득했다. 결국 자신이 원하던 증권회사의 애널리스트로 자리를 옮겼다. A사에 근무할 때는 기세등등한 애널리스트들의 요청을 지원해주어야 했지만 그가 증권회사에 입사한 후에는 당당하게 A사에 요청할 수 있게 되었다. 전세가 완전히 역전된 것이다.

어쨌든 증권회사로 옮긴 후로도 그의 이중 생활은 끝나지 않았다. 주경야독은 계속되었고 그럴수록 그는 고난이도의 자격증들을 손에 넣었다. 물론 보는 시험마다 전부 합격했던 것은 아니다. 떨어지면 또 보고 또 봐서 될 때까지 물고 늘어진 근성이 오늘의 그를 있게 했다고 해도 과언이 아니었다. 여러 자격증들로 인해 회사에서도 점점 비중 있는 업무를 맡게 되었다. 자격증도 중요하지만 현장에서의 투자 감각을 잃지 않기 위해 그는 틈틈이 가치주들을 사들여 자산도 꽤 굴려나갔다. 그의 경력을 뒤돌아보면, 자신이 계획했던 10년보다도 빨리 자신의 목표를 달성했다. 단순히 회사를 옮기는 차원이 아니었다. 자신이 목표로 삼았던 직업을 향해 단계별로 옮겨간 것이다.

10년마다 새로운 직업인으로 태어나기

김민철 씨와 같이 자신의 목표를 향해 경력 관리를 잘해나가는 사람들을 관찰하면 공통점을 발견할 수 있다. 이들은 마치 항구에 머물러 있지 않는 배처럼 편안한 현실 생활에 안주하지 않는다는 점이다. 자신이 할 수 있는 일과 하고 싶은 일에 차이가 있을 때는 일단 할 수 있는 것을 한다. 그러면서 하고 싶은 것에 대해서는 과외의 시간을 낸다. 사실 자기가 하고 싶은 것을 하는 사람들을 보면 그들은 끊임없이 그 둘을 병행한다. 더 중요한 것은 하고 싶은 일을 위해 현재 하는 일 말고도 별도의 시간과 공을 들였다는 것이다.

이들은 10년을 주기로 새로운 직업을 준비하는 경향이 있다. 10년 중에 초기 5년은 현재의 일에서 전문가가 되기 위해 쓴다. 몸값도 높이고 능력도 갈고 닦는다. 그리고 나머지 5년은 현재 일을 병행하면서 앞으로 10년 동안 일할 직업을 찾는다. 그리고 그 직업에 필요한 자격과 능력을 갖추는 것에 끊임없이 매진한다. 그러므로 이들은 직장 생활을 병행하면서도 늘 다음 직업을 공부하는 샐러던트로 살아간다.

우리는 성장하지 않으면 사회에서 생존할 수 없는 시대에 살고 있다. 다시 말해, 성장이 삶과 동반되어야 하는 시기인 것이다. 따라서 우리에게 '유연성'과 '학습 능력'은 이 시대를 살아가는 데 꼭 필요한 창과 방패와 같다. 이것만 있으면 고용 환경이 어떻게 변하더라도 유연하게 대처할 수 있다. 또한 그 환경에 성공적으로 안착할 수 있도록 스스로 학습해나갈 수 있다.

대나무가 살아가는 방식

샐러던트로서 자신을 개발하는 일은 꾸준하게 이루어져야 한다. 작심삼일로 그치지 않아야 하며 장애물을 만났을 때는 포기하지 않고 계속 밀고 나갈 수 있는 지속성을 가져야 한다는 뜻이다. 마치 대나무가 자라나는 것처럼 말이다. 대나무는 씨를 뿌리고 난 후에 4년이 지나야 땅 위로 싹을 틔운다. 그리고 싹이 난 지 90일 만에 20미터가 훌쩍 자란다고 한다. 농부는 눈으로 확인할 수는 없지만 4년 동안 꾸준히 물을 주며 키우는 것이다. 땅 밑에서 잘 자라고 있다고 믿으면서. 우리도 농부의 마음으로 자신에게 물주는 일을 게을리 하지 말아야 할 것이다. 당장 성과가 눈에 보이지 않더라도 자신이 빛나는 존재로서 서서히 성장하고 있다는 것을 믿으면서.

자신에게 맞는
경력의 포물선을
결정한다

02

:

       50대 후반의 친구 관계인 유진만 사장과 이영훈 사장. 유진만 사장은 일찍이 유학길에 올라 미국에서 최고의 엘리트 코스를 밟은 후 미국의 유명 기업에서 경력을 쌓았다. 1980년 중반, 30대 중반의 이른 나이에 국내 대기업 자회사의 상무이사로 스카우트가 되어 본격적인 한국 생활을 시작했다. 그는 국내 기업에서도 실력을 인정받은 후, 다시 미국 거대 기업의 한국 초대 지사장 자리로 옮겼다.

지사장이 되고 난 후에도 그의 거침없는 행진은 계속되었다. 후발업체로서 선발업체를 따라잡는 쾌거를 올렸다. 또, 5년 만에 달성하려던 매출 목표를 3년으로 앞당기는 능력을 발휘했다. 그 당시 그의 경영수완은 업계에서 화제가 되었고 언론의 스포트라이트를 받았다. 한편 여러 국내 경영대학원에서도 앞다투어 그에게 겸임교수 자리를 제안하며 그의 성공 노하우를 후배들과 학생들에게 전수해

달라는 요청이 쇄도했다.

그는 40대 중반의 나이에 경력가도에서 최고의 정점에 올랐고 최고의 자리에서 직장 생활을 마감했다. 그리고 본인이 하고 싶어 했던 경영컨설팅 회사를 설립하고 오너가 되었다. 이때부터 그는 철저한 승부의 세계에서는 좀 비켜가기 시작했다. 오히려 사명감을 가지고 후진을 양성하는 일에 주력했다. 대학원에서 학생들을 가르치고 기업들에게 강의를 하고 꾸준한 저술 활동을 병행했다. 또 가능성이 보이는 신생 벤처기업가들을 일선에서 코칭하며 기업의 경영고문이나 사외이사로도 활동했다. 유진만 사장은 가파른 각도로 급속하게 상승일로를 달렸던 3~40대 시절과는 대조적으로 50대는 완만하고 안정적으로 보내고 있다.

한편, 이영훈 사장은 유진만 사장과는 다소 대조적인 경력의 궤적을 그렸다. 그는 현재 우리나라 간판급 기업의 대표이사이다. 해외영업 업무가 전문 분야인 그는 오히려 국내보다는 해외 언론에서 더 유명한 인사이기도 하다. 그의 회사가 만들어내는 제품은 세계 시장을 리드하고 있고 그의 회사가 매출을 얼마나 달성하는지에 따라 우리나라의 경제판도에도 지대한 영향을 미치고 있다. 그는 이제 아무나 범접할 수 없는 존재이며 우리나라 경제계의 한가운데에 서 있다.

이런 그도 사회생활 초반부에는 남들과 별로 다르지 않았다. 해외파도 아니었고 윗선에서 끌어주는 사람도 없었다. 스스로 실력을 키우고 조직 생활의 룰을 지키며 한 단계 한 단계 올라 결국 조직의 꼭대기에 오른 것이었다. 30대 초반에 입사해서 60세를 바라보는 지금까지 한 회사에서만 한 우물을 파서 성공한 케이스이다. 그야 말로 대기만성형이고 마라톤 완주형이며 갈수록 승승장구하는 스타일이다.

30년간 꾸준한 속도로 완만한 기울기를 그리며 끊임없이 조직에서 상승 모드를 타고 있는 이영훈 사장. 반면, 40대 중반까지 가파르게 질주해서 직장 생활의 최고점을 찍은 유진만 사장. 30대 중반만 해도 유진만 사장이 스포트라이트를 받는 유능한 직장인이었지만 50대 후반에는 이영훈 사장이 세인들의 주목을 받는 골든 직장인이다.

이 두 사람은 30대에도 50대에도 변함없이 서로를 존중하는 편한 친구 사이로 지내고 있다. 상대의 타이틀을 의식하지 않고 서로를 인정할 정도로 신뢰도 깊고 인격적으로도 성숙한 사람들이다.

빨리 올라가면 빨리 내려와야 한다

일을 할 때도 그렇고 인생을 살아갈 때도 마찬가지로 전반전에 강한 사람, 후반전에 강한 사람이 따로 있다. 어느 쪽이 더 성공적인 사회생활을 했다고 단언해서 말하기는 어렵다. 우리가 이들의 케이스를 보면서 생각해봐야 할 점은 자기 자신에게 현실적으로 적합한 궤도가 어느 쪽인지에 대한 선택이다. 다시 말해, 전반전에 폭이 좁은 포물선 모양을 그릴 것인지 아니면 후반전에 폭이 넓은 포물선

모양을 그려 넣을지를 자신이 선택해야 한다는 뜻이다. 이런 '포물선의 법칙'은 자연법칙뿐만이 아니라 비즈니스 세계에서 경력 관리를 할 때에도 엄연히 존재한다. 초고속 승진도 좋고 최연소 승진도 좋다. 하지만 조직이라는 사다리는 빨리 오르면 그만큼 빨리 내려와야 하는 속성이 있다. 마치 말년 병장에게 남아 있는 건 제대뿐인 것과 마찬가지로.

우리가 그토록 오르려고 노력하는 정상은 오르는 데까지는 많은 노력과 희생과 시간이 소요된다. 하지만 정상의 꼭대기에는 오래 머물 수 없는 것이 사실이다. 정상에 오르면 굿뉴스와 배드뉴스를 한꺼번에 접하게 된다. 정상에 오른 것에 대한 존경의 메시지와 앞으로는 내려갈 일만 남았다는 경고성 메시지가 그것이다.

이런 원리를 잘 알고 있는 조직 생활에 노련한 직장인들은 정상에 가까워질수록 내려가는 것도 생각한다. 그래서 지금 잘나간다고 해서 우쭐해하지도 않고 지금 더디게 나간다고 해서 불안해하지도 않는다.

잘 키운 취미가
새 직업을
물어다준다

03

:

       많은 직장인들이 성공적인 직장 생활에 대한 기준을 '높은 직급, 높은 연봉'보다는 '일상과 일의 균형감'에 두고 있다. 이런 사람들은 회사에서 일할 때는 일하고 나머지 일상 중에서 시간을 쪼개어 자신이 좋아하는 취미 활동을 즐기고 있다. 좋아하는 일이나 취미가 있는 사람은 활력이 넘친다. 우리 주변에서는 한 분야에서 아마추어로 취미 활동을 하다가 새로운 직업을 갖게 되는 경우들도 종종 볼 수 있다. 아래에 소개하는 두 사람이 바로 그런 사람들이다.

동호회 운영자에서 여행 전문가로

       외국계 기계회사에서 엔지니어로 근무하고 있는 40대 중반의 조 필립 씨. 그는 가족과 함께 미국으로 이민을 갔다가 학업을 마치고 지금의 미국 회사에 취업을 했다. 8년 전, 한국지사에서 파견 근무를 시작하면서 여행 동호회에 관심을 갖게 되었다. 여행을 좋아하지만 아직 미혼인 그는 한국에 온 지 얼마 되지 않았을 때는 주말마다 국내 여러 곳을 혼자 돌아다녔다. 그러다가 혼자 다니는 여행이 지겨워지기 시작할 무렵, 인터넷을 통해 여행 동호회를 운영하기 시작했다. 대상은 자신과 비슷한 처지에 있는 사람들로 골랐다. 주로 한국에서 파견 근무를 하는 외국인들을 회원으로 모집했다. 그리고 매주 모임을 주선했다. 서울 근교의 명소를 방문하거나 한국의 아름다운 산들을 골라 등산을 하거나 지역특산 명물축제를 방문하거나 혹은 좋은 미술 전시회를 함께 관람하는 식이었다.

그의 동호회는 한국에서 파견 근무를 하는 외국인들에게 급속도로 빠르게 입소문이 퍼졌다. 한편, 외국계 회사에 다니고 있거나 유학 경험이 있는 한국인들의 가입도 늘어 점점 회원이 많아졌다. 그래서 모일 때마다 4~50명의 외국인들이 참석했다. 무엇보다도, 외국인들이 편하게 영어로 여행에 대해 궁금한 점을 물어볼 수 있고 외국인들이 선호하는 여행 스타일에 맞는 코스를 짜는 게 인기의 비결이었다. 회원들은 외국인 전문 여행사의 프로그램보다도 그의 동호회에서 하는 여행 프로그램에 만족도가 훨씬 높았다.

8년이라는 시간이 흐르는 동안 조필립 씨는 어느덧 외국인 단체 여행 전문가가 되었다. 여행 정보를 수집하고 숙소를 정하고 이동할 버스를 전세내고 예약하고 회원들의 질문에 일일이 댓글을 달고 여행 비용을 정산하는 등, 한 사람이 하기에는 시간과 노력을 많이 들여야 하는 취미 생활임에 틀림없었다. 하지만 그는 번거로움보다는 즐거움이 더 크다고 말한다. 지금은 직장 생활을 하고 있지만 내년에는 외국인들을 대상으로 하는 전문 여행사를 차려서 본격적인 사업을 시작하려고 준비 중에 있다. 그를 지켜보면서 취미가 그저 취미로 끝나는 것이 아니라 직업이 되고 미래가 될 수 있다는 것을 눈으로 확인할 수 있었다.

독서 마니아에서 북코치 저자로

이번에 소개하는 경우는 직장 생활과 취미 생활을 병행하는 투잡스 족의 이야기이다. 인터넷 포털 업체에서 근무하는 30대 후반의 민성훈 씨. 그의 취미는 독서이다. 책을 좋아하는 그는 몇 년 전부터 직장인 대상의 온라인 독서 카페를 운영해오고 있다.

회원이 꾸준히 증가해서 카페도 활성화가 되었고 그 덕분에 자신도 여러 권의 책들을 직접 출간하게 되었다. 북코치가 되어 책을 많이 읽어야 하는 이유와 책을 선정하는 방식, 책을 많이 읽을 수 있는 방법을 제시하는 내용의 책들을 직접 펴냈다. 이 책들 덕분에 신문에 실리는 것은 물론이고 라디오와 TV에도 출연하고 있다. 간혹 강연 요청을 받기도 한다. 뿐만 아니라 출판계에서도 주목받는 사람이 되었다. 또한 그의 카페도 출판계에서는 좋은 마케팅의 마당으로 활용되고 있다. 새 책을 출간한 출판사들은 이 카페의 회원들을 대상으로 이벤트를 해서 독자들의 반응을 점쳐보기도 한다고 한다. 북카페를 운영하던 평범한 직장인이었던 그는 잘 키운 취미 생활로 인해 한꺼번에 다양한 직업을 가지게 되었다. 저자, 북코치, 북칼럼니스트 등.

'내가 좋아하는 일'이 꼭 회사일일 필요는 없다

회사에서 자신이 좋아하는 일을 하기는 어렵다. 직원에게 월급을 주면서 직원이 좋아하는 일을 시키는 회사는 이 지구상에 거의 없다. 그렇다면 자신이 좋아하는 일은 회사 밖에서 찾아보는 것도 방법이다. 며칠 밤샘도 기꺼이 할 수 있는 일, 남들이 인정 안 해줘도 하고 싶은 일, 돈 못 벌어도 재미있게 할 수 있는 일이 무엇인지를 아는 것은 매우 중요하다. 재미있고 좋아하는 일이 당신의 일이기 때문이다. 또 현재의 취미가 미래의 직업이 될 가능성이 높기 때문이다. 일단 직장 생활과 병행을 해봐서 자신감을 얻으면 그때 취미를 직업으로 살려서 당당하게 독립하는 것도 좋은 계획이다.

설사 직업으로 연결이 되지 않더라도 취미는 찌든 일상의 활력소가 되어준다. 매일 쳇바퀴 돌듯이 반복되는 일상과 직장 생활에서 받는 스트레스를 풀어주기 때문이다. 때로는 취미 생활을 통해 알게 된 다양한 부류의 사람들에게서 직장 동료들보다도 더 많은 도움을 받기도 한다. 또 넓어진 인맥 관계가 업무에 도움이 되기도 한다. 취미 생활도 열심히 하다 보면 이런 생각지도 않았던 덤들이 따라오기도 한다.

서양 속담 중에 '해야 할 일을 하다 보면 하고 싶은 일을 할 때가 온다'라는 말이 있다. 직장 생활을 즐기는 사람들은, 바쁜 일상 중에서도 틈틈이 강력한 엔돌핀을 생성해내는 자신만의 취미에도 투자한다.

04

어느 구름에
비 올지 모른다
우연을 기회로 삼는다

⋮

우리 속담에 '어느 구름에 비 올지 모른다'는 말이 있다. 이는 세상 일은 예측하기 어렵고 변화무쌍하지만 반면 기회는 항상 열려 있다는 뜻으로 해석할 수 있다. 주변을 돌아보면 자신이 적극적인 구직 활동을 한 것은 아니지만 우연한 기회로 새로운 일을 시작하는 사람들이 있다. 준비된 사람들은 어느 날 찾아온 우연을 행운의 기회로 만든다.

미래를 준비하는 사람들은 자신에게 기회가 찾아올 때까지 막연하게 기다리기만 하지 않는다. 그들은 머리로 아무리 계산을 해도 결과는 예상을 빗나가기 십상이라는 것을 안다. 그래서 그들은 세상에 먼저 적극적으로 손을 뻗는다. 나의 이익을 위해서만 움직이지 않고 주변도 돌아보고 남이 필요한 것을 선뜻 먼저 내주기도 한다. 필요하다고 생각되면 자원봉사도 하고 무료 봉사도 기꺼이 한다. 그리고 지나고 나면 그것이 지름길이라는 것을 깨닫게 된다. 설사 결과가 신통치 않다고 하더라도 그 과정을 겪으면서 경험을 얻고 또 사람을 얻는다. 그래서 그들은 결과만 가지고 낙담하지 않는다.

다음에 소개하는 세 사람은 독특한 이직 경험을 가지고 있는 사람들이다. 이직을 목적으로 한 것은 아니지만 세상에 먼저 다가갔기에 좋은 결과를 얻은 사람들이다.

책 한 권을 통해 성공적인 이직을

매사에 야무진 20대 후반의 한가인 씨. 그녀는 코스닥 상장 회사의 신규사업팀에서 근무 중인 3년차 직장인이다. 직급은 비록 사원이지만 외국어 실력이 뛰어나 해외출장에도 다른 동료들보다 먼저 차출되기도 한 재원이었다. 또랑또랑한 인상, 싹싹한 성격, 선배들로부터 배우려는 의욕, 야무진 일솜씨. 넘치는 자신감. 예의바른 태도. 사내에서도 인기가 많은 직원이었다. 그녀는 하루 중에 가장 즐거운 시간이 출근 준비를 할 때였다. '오늘은 또 어떤 일이 나를 기다리고 있을까?'라는 기대감과 흥분감이 회사로 향하는 그녀의 발걸음을 재촉했다고 한다.

그런데 언제부터인가 그녀는 슬슬 직장 생활에 흥미를 잃어가기 시작했다. 경제가 안 좋아지다 보니 신규 사업에 대한 회사의 방침이 자꾸 변하는 데다가 회사의 지원도 줄었기 때문이다. 열심히 일을 추진하려고 해도 윗선에서 제동을 걸 때마다 점점 의욕을 상실해 갔다. 사실 그녀는 마케팅팀으로 옮겨서 업무를 배워보고 싶었지만

이 회사에서는 타 부서로 옮기기가 쉽지 않아 진로에 대한 고민으로 그녀의 머리는 점점 복잡해져갔다.

여성 CEO가 되고 싶은 꿈을 실현하기 위해 그녀는 평소 출퇴근 길을 이용해 자기계발 서적을 즐겨 읽었다. 특히 경영자들에 관한 책은 빼놓지 않고 읽는 편이었다. 그런데 어느 날 아침 출근길에 한 성공한 경영자의 경영철학에 관한 책을 읽고 정신이 번쩍 들었다고 한다. 그 책 속에서 자신의 진로를 계획하는 데 도움이 되는 원칙을 발견했기 때문이었다. 그래서 그녀는 책에 소개된 저자의 이메일 주소로 자신이 그 책을 읽고 느낀 점과 자신의 진로 결정에 도움을 받았던 점에 대해 감사하는 메일을 보냈다.

그런데 뜻하지 않은 일이 생겼다. 저자에게서 회신을 받은 것이다. 코스닥 기업의 경영자이면서 그 책을 내서 동시에 베스트셀러 작가가 된 저자가 일부러 시간을 내어 한가인 씨에게 회신을 했을 정도였으니, 그녀가 얼마나 그 책에 대한 애정을 가지고 메일을 썼을지는 짐작이 가고도 남는다. 그녀는 저자와 몇 번의 메일을 더 주고받은 뒤에 저자의 회사로 초대를 받았다. 그 자리에서 저자는 한가인 씨에게 자신의 회사에서 마케팅 업무를 해보라는 제안을 했고 그녀는 주저하지 않고 이직을 단행했다. 그녀는 존경할 만한 경영자와 같은 회사에서 함께 일을 하는 재미에 푹 빠져 다시 활기를 찾고 열심히 일했다. 덕분에 옮긴 지 1년도 되지 않아 대리로 승진해서 요즘은 그 어느 때보다 회사 생활을 즐겁게 하고 있다.

영어 공부를 계기로 교육사업의 파트너로

40대 초반의 송욱진 차장. 지금 다니는 회사에서는 더 이상 비전을 찾기 어렵다는 생각을 한 순간부터 그는 한동안 손을 놓고 있었던 영어 공부를 다시 시작했다. 사실 그는 외국계 회사로 옮겨볼 심산이었다. 그러던 중에 새로운 학습법을 개발해서 가르치는 영어학원을 발견했다. 이곳에서 주말마다 강의를 들으면서 실력이 늘어가는 것을 느끼자 그는 영어 공부 삼매경에 빠졌다. 1년이 넘도록 이 학원의 다양한 과정들을 이수하면서 그가 얻은 것은 영어 실력만이 아니었다. 그것보다 더 값진 것은 자신이 무엇을 해도 아직 늦지 않았다는 자신감이었다.

평소 오지랖이 넓고 비즈니스 감각이 발달한 송욱진 차장은 기회가 있을 때마다 원장에게 학원을 키울 수 있는 여러 가지 마케팅 방안들을 제시했다. 송차장은 회사에서 마케팅 업무를 맡고 있었기 때문에 산업군은 다르더라도 원장이 생각하는 것보다는 객관적이고 전략적인 방안을 찾을 수 있었다. 송차장이 제시한 몇 가지 아이디어를 시도해서 좋은 결과를 얻자, 원장은 송 차장에게 스카우트 제의를 했다. 직원으로 채용하는 것이 아니라 파트너십을 가지고 함께 학원을 키워보자는 조건이었다. 이 학원의 영어 학습법이 상품으로서도 잠재가능성이 높다고 판단한 송차장은 이직을 결심하게 되었다. 물론 주변에서 우려도 했지만 그는 새로운 도전을 감행했다. 학원을 키워가는 재미, 돈 받으면서 경영 수업을 받는 재미 때문에 그는 이직 후의 생활에 만족해 하고 있다.

충성 고객에서 충성 직원으로

박창선 씨는 30대 초반의 프로그래머이다. 그는 국내 대표 소프트웨어 개발회사인 A사에서 개발한 프로그램을 즐겨 쓰는 고객이었다. 그런데 자신이 사용자로서 제품을 써보니 불편한 점들이 눈에 띄었다. 그래서 여러 가지 개선점을 찾아내어 A사의 기술 담당 임원 앞으로 메일을 보냈다. 사실 뭔가를 바라고 한 일은 아니고 순수한 의도에서 시작한 일이었다. 누가 시키지도 않았는데 A사 제품의 개선점을 파워포인트 파일 50장으로 정리해서 보냈다.

A사의 기술담당 이사는 그가 보낸 자료를 세밀하게 검토했다. 임원은 충성도가 높은 고객인 박창선 씨가 다양한 제안을 해주고 새로운 기능을 직접 구현한 방법까지 기록한 점에 대해 깊은 인상을 받았다. 물론 회사 내부에서 고민하는 부분에 관한 내용도 있었고 그 외의 독창적인 아이디어도 제시되어 있었다. 무엇보다도 이 고객이 A사와 그 회사의 제품에 무한한 애정을 가지고 있다는 것을 느낄 수 있었다. 이는 기쁜 일이었다. 그래서 제품을 보완하면서 박창선 씨의 제안을 반영했다. 자신의 의견이 반영된 것에 재미를 느낀 박창선 씨는 몇 차례 더 새로운 아이디어와 개선점을 정리해서 임원에게 자료를 보냈다. 그러자 A사에서는 이 적극적인 충성 고객을 직원으로 채용하기로 결정했다. 그는 이제 조직의 일원으로서

본격적으로 자신이 하고 싶었던 제품 개발을 할 수 있다는 점에 만족해했다. 거기다가 월급까지 두둑하게 받으며 좋아하는 일을 하니 더 이상 바랄 게 없다고 했다.

05 가득 찬 것은 조용하지만 빈 것은 요란하다

:

　　　　　외국계 자동차 회사에서 근무하는 40대 중반의
고성준 이사. 그는 사회 초년병 시절부터 남들이 가는 길을 따라가
서는 답이 없다는 진리를 깨달았다. 전문경영인이 되고 싶었던 그는
남들보다 빨리 갈 수 있는 지름길을 찾아 자신의 경력 관리를 잘 한
케이스이다. 그는 국내 대학원을 졸업한 후 대기업에 입사했다. 처
음에는 연구소에서 근무했지만 기회를 틈타 요직이라 불리는 부서
들에서 경력을 쌓았다. 일을 대하는 태도나 일을 하는 방식에 있어
서 늘 상사들에게 좋은 점수를 받았기 때문에 그는 첫 직장에서 승
진도 빠른 편이었고 안정적인 직장 생활을 할 수 있었다.

　　하지만 한 회사에서 오래 머물러서는 자신이 계획한 곳에 도달
할 수 없다고 생각한 그는 다른 곳에서 돌파구를 찾았다. 그는 회사
를 과감하게 그만두고 30대 후반에 미국으로 건너가 MBA 과정을
마치고 돌아왔다. 귀국 후에는 국내 대기업의 전자회사에 부장으로

입사했다. 하지만 자신이 대기업에서 임원까지 올라가는 것은 쉽지 않겠다는 판단을 하고 외국계 기업으로 진로를 선회했다.

믿을 만한 헤드헌터와 접촉해 자신의 이직 의사를 알린 지 얼마 되지 않아 그는 지금의 외국계 자동차 회사의 제안을 받았다. 새 회사와의 모든 협상이 끝난 후에서야 그는 전자회사에 사표를 제출했다. 몇 달 동안에 거쳐 여러 차례의 인터뷰를 보는 동안에도 그는 어떤 동료나 부하에게도 내색하지 않았기 때문에 그가 사표를 냈을 때 많은 사람들이 깜짝 놀랐다. 그리고 매우 좋은 조건으로 옮기는 것에 한 번 더 놀라기도 했다. 회사에서는 다급하게 그를 잡았지만 그는 새로운 출발을 위해 새로운 환경을 선택했고 현재 자신의 근무 여건에 대해 120% 만족하고 있다.

잘나가는 사람들은 소리 소문 없이 옮긴다

잘나가는 사람들은 자신이 가장 잘나갈 때 회사를 옮긴다. 박수 칠 때 떠나라는 말을 잘 실천한다. 자신이 몸담고 있는 조직에서 배울 것을 다 배우고 조직에서 목표한 바를 달성하면 미련 없이 떠난다. 이들은 회사 생활에 불만이 있다거나 조직으로부터 뒤통수를 맞았다고 해서 당장 박차고 나오지 않는다. 회사가 자기를 잡을 만한 때가 된 후에야 보란 듯이 걸어 나간다. 그 시기는 바로 이들이 자신의 업무에서 탁월한 성과를 보여 회사의 신뢰를 얻어 기대치가 최고조에 달했을 때이다. 이른바, 자신의 성과와 몸값이 정점일 때 그들은 더 큰물을 찾는다. 이들은 주도면밀해서 자신이 옮기게 될 회사의 연봉계약서에 사인을 하고 난 후에야 지금 다니는 회사에 사표를 낸다.

회사를 잘 다니던 사람이 어느 날 갑자기 회사를 그만두겠다고 사표를 내면 상사는 당황스러워한다. 또, 커다란 배신감을 느낀다. 작은 조직에서는 CEO까지 나서서 회유하려 든다. 믿었던 부하이고 현재 조직이 돌아가는 데 있어서 중추적인 역할을 하는 사람이 갑자기 그만두겠다고 하니 난감하고 황당할 수밖에 없다. 그들이 빠지면 업무의 공백이 클 것이라는 것은 누구나 짐작한다. 이들의 업무 스타일은 매우 정교하고 실무적이라 임원 타이틀을 달고 있는 사람이라도 대부분 'OOO 대리'라고 놀릴 정도이다. 중요한 업무는 자신이 움켜쥐고 직접 처리하고 또한 인적 네트워크도 직접 관리하기 때문이다.

회사나 상사에게 불만 사항이나 애로 사항을 미리 얘기했다면 얼마든지 대화로 풀 수 있지만 그들은 그렇게 하지 않는다. 뒤늦게 회사 측에서 협상 카드를 내밀어보아도 그들은 마음을 바꾸지 않는다. 보통 이들은 이 조직에서는 할 만큼 했고 더 큰 비전을 위해 떠나야 할 때가 왔다고 회사측에 자신의 입장을 밝힌다. 이렇게 되면 회사 입장에서는 자신의 미래를 위해 더 좋은 곳으로 가겠다는 사람을 말리기 어렵다.

이들은 마무리도 건성으로 하지 않는다. 근무하는 마지막 날까지도 흐트러진 모습을 보이지 않는다. 그리고 후임자도 물색해놓는다. 사내에서 동료나 부하를 추천하거나 업계 지인 중에서 적임자를 찾기도 한다. 후임자가 정해지면 자신으로 인해 업무에 차질이 생기지 않도록 인수인계도 충실하게 한다. 그리고 자신이 근무한 곳에 대한 애정과 감사를 표하고 동료들의 환송을 받으며 아름다운 뒷모습을 보이며 떠나간다.

사표 쓰겠다는 엄포는 붙잡아달라는 엄살

한편 '때려치운다' '못 해먹겠다'라며 수시로 사표를 내겠다고 큰소리치는 사람들도 있다. 이런 행동도 동료나 상사에게 상처를 남긴다. 이런 말들은 회사를 당장 그만둘 마음이 있어서가 아니라 자신을 알아봐달라고 혹은 붙잡아달라고 부리는 투정과 같다. 그래서 처음에는 주변에서 달래는 사람들도 있지만 이런 일이 반복되면 어느 날 일순간에 사표 처리가 되기도 한다. 그러나 정작 떠날 사람은 모든 준비가 끝나기 전까지는 입 밖으로 이런 얘기를 절대 내뱉지 않는다.

06 경력가도에서는 역주행도 가능하다

　사람들은 큰 회사에 다니던 사람은 작은 회사로 옮길 수 있다고 생각한다. 회사 규모가 작은 곳으로 가면 높은 직급을 달 수 있다고 생각한다. 자신의 눈높이만 줄이면 얼마든지 가능하다고 생각한다.

　반면, 작은 회사에 다니던 사람은 큰 회사로 옮길 수 없다고 생각한다. 본인은 큰 회사로 옮기려고 해도 큰 회사에서 받아주지 않을 거라고 여긴다. 그래서 사회생활을 처음 시작할 때부터 대기업에 들어가려고 기를 쓴다. 첫 직장 생활을 어디서 했느냐에 따라 앞으로 직장 생활의 운명이 결정된다고 단정적으로 생각하기도 한다.

　하지만 요즘은 경력가도에서의 역주행 현상이 종종 발생한다. 물론 비일비재하게 일어나는 일은 아니다. 하지만 경력자의 경우에는 중소기업이나 벤처기업에 다니다가 대기업에 입사하는 사람도 있다. 또는 비영리단체에 있다가 기업으로 자리를 옮겨 요직에 앉은 사람도 있다.

사업가에서 대기업 직장인으로

웹 어플리케이션을 개발하는 IT회사 상무이사였던 40대 중반의 김연욱 씨. 프로그램 개발자 출신인 그는 졸업과 동시에 몇몇 친구들과 소프트웨어 개발 회사를 창업했다. 한참 벤처붐일 때는 별 어려움 없이 사업을 해나갔지만 벤처업계의 투자 거품이 빠지면서 회사 상황이 어려워지자 사업을 정리했다. 친구들은 뿔뿔이 흩어졌고 그는 몇몇 벤처기업의 연구소에서 근무했다.

그러던 중, 한 대기업이 IT사업에 진출하면서 헤드헌터를 통해 그에게 러브콜을 보내왔다. 그는 큰 회사에서 조직 생활을 안 해보았고 벤처 문화에 익숙해 있었기 때문에 대기업의 직장 생활에 잘 적응해낼 수 있을지 고심했다. 처음 제안을 받았을 때는 망설여졌지만 결국 큰물로 옮기기로 결정했다. 물론 연구직이라 대기업에서의 직급 체계는 좀 달랐지만 근무환경이나 처우는 만족스러웠다. 사업할 때는 오히려 회사를 운영하는 비용 때문에 두 다리 뻗고 자지 못한 밤도 부지기수였는데 지금은 개발에만 집중할 수 있어서 오히려 그 어느 때보다 편안한 직장 생활을 하고 있다고 했다.

비영리단체에서 일반 기업의 임원으로

사단법인에서 8년 동안 근무했던 30대 후반의 손성태 팀장. 그의 경력을 살펴보면, 일반 기업에서 근무한 것은 약 2년뿐이고 비영리단체인 사단법인에서 근무한 것은 8년 정도 된다.

일반적으로 협회나 재단과 같은 사단법인 형태의 비영리단체의 문화는 일반 기업의 문화와는 차이가 있다. 여기서 근무하는 사람들은 일반 직장인들보다는 공무원 쪽의 마인드에 가깝다. 그래서 한번 비영리단체에 근무한 사람은 일반 회사로 옮기기가 쉽지 않다.

그는 협회 소속으로서 주 업무는 정부의 예산을 집행하여 국내 기업들을 해외에 진출시키거나 기업들이 해외 자본을 유치하는 데 지원을 하는 일이었다. 그의 일하는 솜씨를 오랫동안 지켜본 외국계 캐피탈회사의 대표이사는 그를 자신의 회사에 임원으로 스카우트했다. 비영리단체 출신으로 일반 회사도 아니고 이윤 창출을 우선시하는 투자회사로 옮긴 손성태 이사. 그는 새로 옮긴 회사에서도 제몫을 다해내는 임원으로 인정받고 있다.

'강한 것'보다 더 강한 것은 '다른 것'이다

지금 작은 회사를 다니고 있다고 해서 주눅 들거나 낙담할 필요는 없다. 요즘 대기업에 입사해서 정년퇴임까지 근무하는 직장인들은 많지 않다. 그리고 중소기업에 들어갔다고 해서 평생 중소기업에만 있으라는 법도 없다. 자신이 본인의 미래에 대해 미리부터 한계점을 긋지만 않는다면 상황은 얼마든지 역전될 수 있다.

관건은 당신의 전문성이고 경쟁력이다. 남들과 같은 방식으로 생각하는 사람은 자신이 가고자 하는 곳까지 절대 다다를 수 없다. 남보다 나은 사람이 된다는 것은 곧 남과 다른 사람이 되는 것이다. 전문가이냐 아니냐의 문제는 '더 나은 능력이 있느냐'가 아니라 '얼마나 다르냐'에 있다. 강한 것보다 더 강한 것은 다른 것이다.

변화하는 고용 환경 속에서 살아남으려고 노력하는 직장인들은 다른 까만 점들보다 좀 큰 까만 점이 되는 것에 만족하지 않는다. 그들은 까만 점들 중에 빨간 점이 되려고 노력한다. 수많은 까만 점들 중에 조그맣더라도 빨간 점이 되어야 오히려 주목받게 된다는 사실을 알고 있다. 그래야 생존력을 높이고 성공의 가능성도 높일 수 있다는 것을 안다. 그래서 자신의 경쟁력을 차별화에 두는 것이다. '베스트 원(best one)'보다는 '온리 원(only one)'이 되는 것이 조직에서의 생존력을 길게 유지하는 방법이다. 빨간 점이 되기 위해 자신을 갈고 닦으며 자신의 경력을 장기적으로 관리한다면 기회는 얼마든지 있다.

07

가치를 발견할 줄 알아야 자리가 보인다

:

국내 최고의 에너지 회사에 신입사원으로 입사해서 대표이사를 역임한 장원장 사장. 몇 년 전 그를 만날 기회가 있어서 물어본 적이 있다. 빽이 있는 것도 아니고 연줄이 있는 것도 아닌데 어떻게 성공의 사다리로 올라갈 수 있었는지, 또 본인은 그 비결이 무엇이라고 생각하는지, 자수성가형 CEO에게는 특별한 노력과 나름의 성공 방식이 있을 것이라고 잔뜩 기대를 하며 그의 대답을 기다렸다.

그런데 장원장 사장의 대답은 의외로 간단했다. 그는 그냥 회사에서 하고 싶은 일을 마음껏 골라서 했을 뿐이라고 했다. 성공한 사람들은 너무나 당연한 얘기를 해서 물어보는 사람을 기운 빠지게 하는 경향이 있다. 키워드를 얻었으니 그 방법론을 묻지 않을 수 없었다. 재차 물었을 때에서야 그는 서서히 입을 열기 시작했다.

그는 자신의 30년 직장 생활을 회고하더니 과장 때쯤에서야 조직의 생리를 터득한 것 같다고 했다. 일반적으로 아랫사람들은 사장이면 혹은 창업자이면 회사를 자기 마음대로 할 수 있다고 생각하는데 가만 보니 그렇지만도 않다는 것을 알게 된 것이다. 회사가 거대한 주식회사쯤 되면 그의 눈에는 회사의 주인도 자기 회사를 마음대로 못하는 것으로 보였던 것이다. 그들도 어떤 지시나 결정을 내릴 때 여러 가지를 감안해야 하기 때문에 이런저런 눈치를 본다. 왜냐하면 본인 소유의 회사라고 해도 회사는 시스템과 규정으로 돌아가기 때문이다. 그래서 그는 나라도 내 맘대로 하고 살아야겠다는 마음을 먹었다고 한다. 윗사람들을 바라보고 있다가 기껏 던져주는 일은 사실 재미도 없고 해서 자신이 일거리를 찾아 나선 것이다. 그는 회사의 발전에 꼭 필요한 사람이 되고 싶었고 그런 사람이 되는 것을 상사 손에 맡겨둘 문제가 아니라고 생각했던 것이다. 결과가 좋아서 회사의 발전에 기여를 하면 기회는 계속 주어질 것이고 회사에서 중요한 일을 하는 사람은 중요한 대접을 받을 것이라고 생각했다.

그래서 그는 자신에게 주어진 업무를 하면서 자신이 관심 있는 일도 혼자 조사하고 준비했다고 한다. 자신이 생각하기에 회사의 발전에 도움이 되는 부분이라고 생각되는 일이면 특별히 상사에게 보고하지 않고 스스로 준비했다. 그러다가 회사 경영진에서 어떤 일에 착수를 한다고 발표를 하거나 어떤 방침이 구체화되면 그 동안 자신이 진척시킨 내용들을 상사에게 알렸다. 이렇게 되면 그 일은 대부분 그의 몫으로 떨어졌다. 이렇게 해서 그는 회사에서 중요하게 생각하는 프로젝트에 자주 참여하게 되었고 자신의 영역을 넓혀 갈 수 있었다고 한다. 그래서 막막한 일이나 예측불허한 일도 그에게 맡기면 '일이 된다'는 믿음을 회사에 주었다고 한다. 이런 과정들이 반복되어 경영진의 인정을 받았고 결국 정상의 자리에 오를 수 있었던 것 같다고 회고했다.

조직의 가치와 당신의 강점이 만나야 조직에 기여할 수 있다

자가발전해서 조직의 정상에 오른 사람들은 조직 내에서 자신의 가치를 전략적으로 잘 경영한다. 이들은 대개 조직이 필요로 하는 가치를 남들보다 먼저 찾아낸다. 그래서 그 가치와 자신의 강점이 만나서 시너지가 날 수 있는 방법을 모색한다. 또한 자신이 조직에게 줄 수 있는 가치가 무엇인지 늘 고민한다. 그들에게는 문제라는 포장지로 쌓여 있는 기회를 알아볼 수 있는 인지 능력이 있는 것 같기도 하다. 기회의 모습을 갖춘 것이라고 생각되는 일은 회사 전체의 차원에서 재해석한다. 그래서 조직이 지금 당장 필요로 하는 일의 적임자가 바로 자신임을 피력한다. 자신의 강점으로 잘 상품화된 역량이 바로 그 자리에 적합하다는 판단을 회사가 하게끔 해서 자신의 자리를 만든다.

자신의 자리는 자신이 찾아야 한다. 지금이라도 회사의 사업전략이나 조직 전략을 들여다보면 답을 찾을 수 있다. 그리고 그 중에 당신이 기여할 수 있는 일이나 자리가 어디인지 찾아보아야 한다. 그래서 자신의 자리를 없어서는 안 되는 자리 그리고 누구도 대체할 수 없는 자리로 만드는 것도 당신의 몫이다. 이는 어느 직급에 있든 어느 회사에 있든 당신이 게을리 하지 말아야 할 일 중의 하나이다. 물론 당신이 기여를 할 수 있다고 생각하는 일이 당신의 몫이 되지 않을 수도 있다. 준비는 당신이 했지만 담당자는 다른 사람으로 결정될 수도 있다. 하지만 일에서 가치를 찾아내는 법, 가치 있는 일이 되도록 하는 법 등 통찰력을 가지고 이런 방법들을 반복적으로 모색하다 보면 당신은 CEO마인드를 자연스럽게 키울 수 있다. 그리고 기회는 또 온다.

08 승진의 메커니즘을 파악한다

:

　　　　　　　외국계 유통회사에서 홍보팀 팀장으로 근무하고 있는 신성원 씨. 그는 거의 매년 승진을 거듭하는 초고속 수직상승 엘리베이터를 탄 주인공이다.

　　몇 년 전 그는 이 회사에 홍보팀 과장으로 입사했다. 약 1년쯤 지나자 상사였던 팀장이 회사를 그만두게 되어 그가 팀장이 되었다. 그 다음해에는 홍보팀 차장급 팀장으로 또 그 다음해에는 부장으로 승진했다. 지금은 3년차 부장으로 홍보팀과 사회공헌팀의 팀장을 겸직하고 있다.

　　그가 짧은 시간 동안 초고속 승진을 할 수 있었던 원인을 꼽아보면, 크게 세 가지로 볼 수 있다. 무엇보다도 첫 번째는 회사 일에 자신의 절대 시간을 집중했기 때문이다. 그에게 하루에 12시간을 근무하는 것은 일상이었다. 평일에 야근을 하는 것은 기본이고 주말에도 자발적으로 회사에 나왔다. 여름휴가 시즌에도 하루이틀 정도

만 휴가를 신청해서 가족들과 지내는 인색한 가장이었다.

그의 업무 스타일은 마치 밑 빠진 독에 물 붓기와 같은 식이었다. 다시 말해, 물을 아주 무식하리만큼 많이 퍼부어 깨진 항아리를 채우는 식이었다. 질 좋은 결과물을 만들어내기 위해 일단 일정 수준 이상의 시간의 양으로 일을 밀어붙였다.

두 번째로, 그는 CEO에게 능력 있는 직원으로 인정받았다. 보통 대기업 비서실 출신들이 계열사의 사장으로 발령이 나는 것을 보면 알 수 있듯이 CEO와의 잦은 접촉은 충분히 승진의 기폭제로서의 역할을 한다. 일반적으로 회사의 홍보팀에서는 기업이나 제품 위주의 홍보를 한다. 하지만 신성원 씨는 CEO를 홍보하는 업무에도 많은 비중을 두었다. 그래서 PR마인드를 가지고 있던 CEO의 기대치를 제대로 만족시켜 능력을 인정받았다.

그는 CEO의 브랜드 인지도를 높이기 위해 신문, 경제 TV, 라디오, 잡지 등의 다양한 매체와 인터뷰를 주선하기도 했다. 한편, 최고경영자 조찬 모임이나 외부 기관에서 CEO가 강의를 받을 때에도 준비는 그의 몫이었다. 인상적인 발표 자료를 만드는 것은 물론이고 발표장에 전날 미리 가서 발표 환경을 꼼꼼하게 점검도 했다. 그러자 그에 대한 CEO의 신뢰도는 시간이 갈수록 두터워졌다.

마지막으로 꼽을 수 있는 요인은 자신의 승진에 영향을 미치는 사람들을 자신의 편으로 만든 주도면밀함이다. 그의 경우, 자신의 직속 임원이 있지만 CEO와 독대해서 업무를 진행해야 하는 상황이었다. 따라서 양쪽 임원 사이에서 신중하게 처신해야 하는 자리였다. 이럴 경우, 대부분의 사람들은 인사권을 가진 최고 결정자인 CEO에게만 잘 보이려 하지만 현명한 사람들은 그렇게 하지 않는다. 다시 말해, CEO만 공략하지 않고 더불어 직속 임원이나 인사팀장 등과 같은 중요한 승진 영향권자도 자신의 승진에 한마디 쯤은 보탤 수 있도록 미리 작업을 해놓는 것이다.

그는 이미 알고 있었다. 만약 최종 인사권자인 CEO가 그의 능력을 인정해 승진을 시키려고 해도 인사 책임자나 그의 상사가 이견을 보인다면 승진하기 어렵다는 것을. 이는 승진연수가 되었고 특별한 실수를 한 것도 아닌데 승진에서 번번이 누락되는 선배들의 경우를 보면서 발견한 불편한 진실이었다. 이런 경우는 십중팔구 승진자 심사과정에서 결정적인 순간에 자신을 추천하거나 지원사격을 한 사람이 아무도 없었다는 것을.

물론 신 부장과 같이 CEO의 눈에 띄어서 고속 승진하는 사례는 흔한 경우는 아니다. 하지만 그의 사례를 통해 배울 만한 메시지는 분명히 있다. 조직의 메커니즘에 대한 이해가 부족한 사람들은 첫 번째와 두 번째 요인에 대해서는 당연하게 생각하지만 세 번째 요인에 대해서는 간과하는 경우가 많다.

승진에 대한 발상의 전환

우선 일반적으로 사람들이 가지고 있는 승진에 대한 생각부터 짚고 넘어가야 할 필요가 있다. 하나는 내가 열심히 일하면 인사고과를 잘 받을 것이고 그러면 승진할 것이라는 생각, 또 다른 하나는 승진은 과거에 내가 해낸 성과에 대한 보상이라는 생각이다.

하지만 조직은 그런 방식대로 돌아가지 않는다. 첫째, 당신은 열심히 노력하면 승진할 수 있다고 생각한다. 그럴 수도 있지만 늘 그런 건 아니다. 당신의 승진을 결정하는 것은 당신의 노력이 아니라 당신 상사나 조직의 결정에 달려 있다는 점을 간과해서는 안 된다. 둘째, 승진은 지난 성과에 대한 보상이라기보다는 조직이 당신에게 앞으로 더 잘하라고 미리 쥐어주는 당근과도 같다. 따라서 승진하고 나서부터는 당신은 더 분발해야 한다. 조직이 당신을 승진시켰다는 것의 의미는 당신에게 더 큰 권한과 책임을 지원해주겠다는 약속을 한 것이다. 이는 회사의 기대치도 그만큼 높아졌다는 의미이기도 하다. 이것이 눈에 보이지 않는 조직의 메커니즘이다.

보이지 않는 게임의 룰

따라서 주도면밀한 사람들은 이런 비밀 약속을 받아내려면 어떻게 해야 하는지를 알고 있다. 그래서 아무리 승진을 하고 싶어도 승진의 '승'자도 먼저 입 밖에 꺼내지 않는다. 야심을 보이면 오히려 경쟁자들의 경계의 대상이 되기 때문이다. 그보다는 자신의 업무 영역을 넓힐 수 있는 명분을 만든다.

신 부장이 그랬던 것과 같이 그들은 기회가 될 때마다 인사 담당자나 자신의 직속 상사, 담당 임원에게 자신이 다른 앞서 나가는 회사나 경쟁 회사들을 벤치마킹하고 있다는 점을 피력한다. 따라서 자신의 부서에서 업무 비중을 어떻게 변화를 주어야 할지 업무 영역을 어디까지 확대해야 할지 어떤 효과와 발전을 기대할 수 있는지에 대해 설명한다. 또한 보다 큰일을 떠맡을 준비가 되어 있다는 인상을 주려고 노력한다. 권한과 책임을 더 부여받아도 업무를 잘해낼 수 있다는 확신과 자신감도 자연스럽게 표현한다.

주변 사람들의 인식 속에, 그가 업무 영역을 넓히고 권한을 더 가져가기 위해 그들을 승진시키는 것이 회사가 성장하는 데 거쳐야 하는 하나의 과정이라는 공감대를 심어놓는다. 그들은 자신의 사리사욕은 의심거리가 되지 않을 정도로 주인의식을 가진 직원으로서 회사의 성장과 위상을 높이는 데 고민한 흔적들도 내비친다.

치열한 경쟁구도에서 인정받고 싶은 사람이라면 거대한 조직이 굴러가는 메커니즘을 잘 관찰해서 파악해야 한다. 게임의 룰을 알아야 승리할 수 있다.

고속 승진을 하는 사람들의 공통점

1. 사내에서 가장 먼저 출근하고 가장 늦게 퇴근한다. 놀더라도 회사에서 살다시피 한다. 일은 머리보다는 엉덩이로 한다. 진득하게 엉덩이를 자리에 붙이고 조직의 해결사가 되려고 노력한다.

2. 현명한 사람들은 승진이라고 무조건 덥석 물지 않는다. 경우에 따라서는 바람직하지 않은 승진은 함정이라는 것을 알기 때문이다. 그들은 왠지 내키지 않으면 아직 준비가 안 되었다고 말하고 정중하게 고사할 줄도 안다. 그래도 시켜주겠다고 하면 그때 수락한다.

3. 승진은 본인이 하고 싶다고 해서 되는 게 아니라는 것을 안다. 당신 상사의 고유한 권한이므로 직접 나서서 승진시켜달라고 조르지 않는다.

4. CEO의 눈에 자주 띄는 사람들이 빨리 승진한다. 특히 늦은 밤이나 주말에 빈 사무실에서 근무하는 모습을 우연히 보이면 효과 200%.

5. 두 마리 토끼를 다 잡으려고 하지 않는다. 고속 승진을 하는 사람들은 사내 인기투표에서 1등까지 하겠단 욕심을 버린다. 잘나가는 사람에게는 진정한 왕 팬과 사사건건 시비를 거는 안티가 동시에 생긴다는 것을 알기 때문이다.

6. 고속 승진에 욕심이 있는 사람들은 자신의 건강과 가족의 이해라는 준비물을 가지고 출발점 앞에 선다. 몸이 아프면 어떠한 부귀영화도 그림의 떡이고 집안이 편하지 않으면 업무 집중도가 떨어질 수밖에 없다는 것을 알기 때문이다.

현장 인터뷰 1

직장인도 영업 마인드와 CEO 마인드가 필요합니다

유형수 (뉴욕라이프 conservation팀 팀장)

**보험밥 10년, 본사 근무하다가 과감하게 자영업자인
보험설계사를 경험한 후 본사로 복귀한 경력 관리의 승부사**

그가 보험업계에서 밥을 먹은 지 어느덧 10년이라고 한다. 사회 초년생일 때는 외국계 보험회사의 본사에서 근무하다가 과감하게 그만두고 자영업자인 보험설계사의 일도 경험하고 지금은 다른 회사의 본사에서 근무하고 있다. '남과 달라야 남보다 먼저 목적지에 도달할 수 있다'고 생각하는 경력 관리의 승부사이다.

그의 경험담은 바로 옆에서 직접 듣는 느낌을 가질 수 있다. 직장인으로서 업무에 대해 가져야 하는 마음가짐뿐만이 아니라 조직 생활에서의 노하우를 매우 직설적으로 설명해주었기 때문이다. 그의 자기계발 방법도 남다르다. 자연을 통해 자신을 발견하고 한계를 극복한다고 한다는 그는 MTB 마니아이다.

Q1. 당신의 주요 업무와 전문 분야는 무엇입니까?

처음에는 외국계 보험회사의 본사에서 5년 정도 근무했고 그 이후에는 퇴사를 하고 3년간 그 회사에서 보험 상품을 판매하는 보험설계사로 일한 경험도 있습니다. 그리고 지금의 뉴욕라이프 본사에서 근무한 지는 약 2년 정도 됩니다. 결국 10년 동안 보험업계에 몸담고 있었습니다.

일반적으로 보험회사의 업무분야는 크게 세 가지로 나눌 수 있습니다. 즉 보험 상품을 기획하는 업무, 보험 상품을 판매하는 업무, 마지막으로 보험 계약을 한 후에 관리하는 업무 등입니다. 보험은 장기상품이라는 특성이 있기 때문에 계약기간 동안 유지되도록 관리하는 업무가 상당히 중요합니다. 현재 제가 맡고 있는 업무가 바로 이것입니다. 이외에 부사장님 직속 팀으로 지점과 본사의 입장을 조율하고 업무의 생산성 향상을 개선하는 업무를 맡고 있습니다.

Q2. 안정적인 본사를 떠나 보험설계사 생활을 경험을 하게 된 계기가 있었나요?

사회생활 초반에 인생을 계획하면서 보험업계에서 '닮고 싶은 사람'을 찾아 벤치마킹 해야겠다고 생각했습니다. 그래서 찾아낸 분이 당시에 근무하던 회사의 사장이었습니다. 이분은 본사의 인사 팀장이었을 때 안정적인 본사를 나와 재무설계사(FC)로 영업에 뛰어들어 결국 사장까지 올라간 분입니다. 이 분을 보면서 안정적인 길에는 한계가 있다는 것, 영업을 해봐야 높은 자리에 오를 수 있겠다는 생각을 했습니다. 누군가가 가서 성공했다면 가능성이 있는 길이라고 생각했습니다. 그리고 저를 돌아보게 되었습니다.

우선 제가 가지고 있는 요소들을 접목해서 최대의 시너지 효과를 낼 수 있는 방법을 찾아보았죠. 사실 본사직원이 보험설계사로 현장 경험을 쌓으려면 회사를 그만두고 자영업자의 신분에서 보험설계사로 일을 해야 하기 때문에 그런 경험을 쌓는다는 것이 현실적으로 어렵습니다. 따라서 본사와 현장 두 가지를 모두 잘 아는 직원은 그리 많지 않습니다. 이러한 이유로 결국 내부고객인 보험설계사의 니즈를 잘 알지 못하고 결국 최선의 결과를 끌어내지 못하는 결정들을 하는 경우가 많습니다. 저 역시도 이런 한계점을 느껴서 결국 보험회사 본사의 운영과 현장 경험, 이 두 가지를 모두 가진다면 경쟁력이 있다는 판단 하에 3년간의 보험설계사 생활을 자원해서 했습니다. 생각했던 것처럼 쉽지 않은 일이었고 무척 힘들었던 게 사실이었습니다. 하지만 이 두 가지 분야에서의 경험이 서로 시너지 효과를 가져오면서 저의 경쟁력이 향상되었다고 생각합니다. 그래서 현재 하는 업무에 많은 도움을 받고 있습니다.

Q3. 회사나 상사 때문에 발생한 직장 생활의 위기를 잘 극복하신 경험을 구체적으로 소개해주시겠어요?

상사 때문에 발생할 수 있는 직장 생활의 위기라면 결국 자신이 판단하기에 상사가 무능하거나, 성격 파탄이거나, 기타 자신과 맞지 않는다고 판단함으로써 생기는 일일 겁니다. 하지만 도망간다고 해서 해결되지는 않습니다. 결과적으로 옮긴 회사에서도 도망가야 하고, 늘 도망만 다니다 낙오하게 되겠죠.

결국 저는 원칙을 가지고 대응하는 것이 중요하다고 생각합니다. 무능한 상사는 다른 부서와의 회의석상에서 망신당하지 않도록 성심성의껏 도와주면 대부분의 문제를 해결할 수 있습니다. 만일 고집까지 세어서

도움을 받지 않으려 하는 경우에는 자연히 도태되므로 걱정 안 해도 됩니다. 성격파탄의 상사는 그래도 업무 능력이 좋은 사람이라면 나은 편입니다. 적당히 상황에 맞게 대응하면서 넘어가며 최대한 업무를 처리하는 방식을 배우려고 노력합니다. 업무 능력까지 안 좋은 사람이라면 어차피 오래가지 못할 사람이므로 시간이 다 해결해주기 때문에 내가 나서서 총대를 멜 이유가 전혀 없습니다. 그냥 참고 기다리면 다 해결됩니다. 저하고 안 맞는 상사는 저와 다르다는 것을 인정하고 아랫사람인 제가 맞춰야겠지요? 저는 이렇게 생각합니다. 다른 부류의 사람들과도 맞출 수 있어야 나중에 제가 저와 다른 아랫사람들을 관리하게 되었을 때에도 그들을 잘 알고 더 잘 관리할 수 있을 것이라고요. 그래서 배우는 과정이라 생각하고 제가 맞춰보려 합니다.

Q4. 직장 생활을 하면서 갖게 된 자신만의 신념이나 원칙은 어떤 것이 있나요?

저 같은 경우는 3년을 주기로 원점으로 돌아가서 냉정하게 판단합니다. 즉, 스스로 3년 계약을 한 것처럼 생각하고 이번 3년의 기간 동안 회사에 뭘 해줄 것인가를 고민하고, 방향을 잡고 일합니다. 또한 3년이 지나면 재계약을 하듯 지난 3년을 평가하고 나는 최선을 다했는가, 뭘 보여줬는가, 또 회사는 다시 재계약을 할 만한 상대인가를 평가합니다. 나도 회사도 손을 잡는 것이 서로에게 이익이 되는 파트너가 되어야 한다는 것이 제 생각입니다. 둘 중에 하나만 이익이라면 이 관계는 장기적으로 오래가기 어려운 관계이기 때문입니다.

Q5. 직장 생활에서의 인간관계를 원활하게 하는
자신만의 노하우를 알려주세요.

직장 생활의 인간관계는 점심 식사를 사는 것만으로도 해결할 수 있다고 봅니다. 좀 심하게 표현하자면 거지 근성만 버리면 쉽습니다. 특히 신입직원들이 가장 잘못 생각하는 점이 있습니다. 대학생활 내내 밥은 선배나 윗사람이 사는 경우가 많으므로 회사에 와서도 윗사람이 밥 먹자고 하면 으레 얻어먹는 것으로 생각합니다. 그러다보니 누가 밥 사준다는 얘기가 없으면 늘 부서 사람들과만 더치페이를 해서 식사하는 경향이 있습니다. 그런데 저는 일주일에 두 번은 부서 사람들이 아닌 외부 사람들과 식사약속을 잡고 항상 제가 사려고 합니다. 또 윗사람에게도 제가 밥을 사겠다고 먼저 제안을 합니다. 그 분이 식사하자고 하기를 기다리면 기회가 영영 안 올지도 모르기 때문이죠.

Q6. 성공적인 직장 생활을 하기 위해서 가장 중요하게
생각하는 것은 무엇인가요?

가장 중요한 것을 하나만 꼽으라면 저는 주저하지 않고 애티튜드 (attitude)를 꼽겠습니다. 여러 사람들이 함께 일을 하다 보면 참 다양한 사람들을 대하게 되는데, 똑똑하고 분석적인 사람, 또 추진력이 좋은 사람, 이도 저도 아니고 월급에만 관심 있는 사람 등 많습니다. 일이 잘 되어 갈 때는 다들 자기 장점을 잘 이용해서 한 몫을 하고 있으므로 아무 문제없습니다만 일이 잘 안 되어갈 때가 있지요. 회사일이라는 게 늘 생각대로만 잘 되는 것이 아니라 우여곡절 끝에 임기응변도 필요하고 그렇게 해서 진행되지 않습니까? 이때 차이가 극명하게 벌어지면서 옥석이 가려집니다.

바로 애티튜드가 좋은 직원과 그렇지 않은 직원입니다. 애티튜드가 좋은 직원은 항상 긍정적입니다. 의욕적이고 일을 해보려고 합니다. 안 될 거라는 생각을 하지 않습니다. 어떻게든 해보려고 합니다. 이것이 결과적으로 큰 차이를 만들어 냅니다. 설령 일이 결과적으로 안 되었다고 치더라도 윗사람의 입장에서 보면 차이가 크게 느껴집니다.

Q7. 직장인 후배들에게 남기고 싶은 조언이 있다면 말씀해주세요.

5년 전쯤 제 담당 임원이 해주신 말씀을 금과옥조로 여기며 삽니다. "네가 월급쟁이로 일할 때는 비즈니스맨처럼 굴어라. 네가 비즈니스맨이 됐을 때는 월급쟁이처럼 굴어라. 이렇게 하면 반드시 성공한다." 사실 이 말씀을 처음 들을 때는 그냥 좋은 말이라고 생각하고 흘려들었습니다. 하지만 보험설계사 일을 해보면서 비즈니스맨이 월급쟁이처럼 하기가 얼마나 어려운 것인지 알게 되었죠. 내 책임 하에 모든 것을 결정할 수 있을 때 그래서 일이 잘 되어갈 때 사람은 가장 나태해지기 쉽다는 점을 알게 되었습니다. 반대로 다시 월급쟁이로 돌아온 시점에서는 비즈니스맨처럼 사는 것은 더 어려운 것임을 느끼게 되었습니다. 월급은 열심히 일해도 나오고 대충 하루 때워도 나오기 때문이죠. 나는 지금 샐러리맨이고 당장 월급은 나오고 있으니 상관없다고 안이하게 생각하지 마세요. 결과를 내지 못하는 샐러리맨은 자기 사업이 망해가고 있다는 걸 직시해야 합니다. 이렇게 되면 문 닫는 건 시간문제죠. 열심히 일해서 결과를 냈는지 아니면 대충 때웠는지는 매일 귀가하면서 하루를 평가해보시기 바랍니다. 금요일마다 한 주를, 월말마다 한 달을 점검해보시기 바랍니다.

결국 직접 해보지 않으면 자신이
잘하고 좋아하는 일을 찾기 어렵죠

임혜진 (넥슨 재팬 웹제작실 실장)

재미있는 일을 찾기 위해 끊임없이 도전하는 디지털 잔다르크

20대부터 다양한 직업을 경험한 사회생활 17년차의 임혜진 실장. 고용주나 회사의 입장에서가 아니라 자신이 가진 재능의 발견에 초점을 맞추어 직장 생활을 한 케이스이다. 도서관 사서, 사이버 작가, 소설가, 커뮤니티 기획자, 사이버 상담가 등.

그녀의 직업 철학은 매우 단순명료하다. 좋아하는 일이 아니면 재미를 느낄 수 없고 재미가 없으면 몰입할 수 없고 그러면 좋은 결과를 낼 수 없다고 생각한다. 그렇다면 회사를 위해서도 자신을 위해서도 시간 낭비라고 생각하는 그녀. 그녀를 통해 밖으로 향하는 눈을 우리 내부로 돌려볼 수 있는 관점의 전환을 들어보는 일은 신선했다.

Q1. 당신의 현재 주요 업무와 전문 분야는 무엇입니까?

'카트라이더' 라는 온라인 게임으로 유명한 넥슨의 일본 법인에서 웹 기획자로 시작해서 현재는 웹 제작실 실장을 맡고 있습니다. 웹 기획자로서 콘텐츠 기획, 커뮤니티 기획, 블로그 기획 등의 업무를 해왔고, 현재는 넥슨 재팬의 전체 사이트의 기획을 총괄하고 있습니다.

Q2. 지금까지의 주요 경력을 간단하게 소개해주세요.

대학을 졸업한 후에는 전공을 살려 공공도서관에 취직했어요. 하지만 1년 만에 제가 꿈꾸던 인생과 다르게 살고 있는 저 자신을 발견하고 미련 없이 사표를 던졌습니다. 그리고 일본에 어학연수를 갔고 그 이듬해에는 호주에 워킹홀리데이로 다녀왔습니다. 그 이후에는 프리랜서로 책을 몇 권 출간하다가 '선영아 사랑해' 라는 광고로 유명해졌던 '마이클럽' 이라는 여성포털서비스 회사에서 콘텐츠를 작성하는 아르바이트부터 시작해서 인터넷 업계에 발을 들여놓게 되었습니다. 이때가 제 인생의 두 번째 취업이었지요. 마이클럽에서 제가 맡았던 일은 여자들의 공통 화제, 화장품, 시집살이, 결혼 등을 아우르는 '아지트' 라는 여성 전용 인기 커뮤니티를 만드는 일이었습니다. 그리고 라이코스로 옮겨서도 커뮤니티 전반(게시판, 클럽, 홈페이지, 커플, 아바타)을 개편하는 일을 맡았습니다. 라이코스 같은 경우는 포탈사이트 치고는 커뮤니티 활성화가 안 되었던 터라 상당히 어려운 작업으로 기억하고 있습니다. 그 후, 라이코스는 네이트와 합병이 되는 바람에 네이트로 자리를 옮겨서도 역시 커뮤니티를 담당했습니다. 그 당시 유저들의 관심사를 하루 단위로 모아서 매일 오전에 보여주는 '오늘의 톡' 이란 서비스를 기획해서 히트를 쳤습니다. 이때 회사에서도 공로를 인정해서 '올해의 경영상'을 받기도 했습니다. 그 이후에는 일본에 있는 넥슨 재팬으로 이직했습니다. 넥슨 재팬에서는 온라인 게임 사이트에서 게임을 활성화시키기 위해 '아이피'라는 커뮤니티를 기획해서 게임과 웹사이트 상호 활성화에 주력하고 있습니다.

Q3. 직장 생활을 하면서 가장 성취감을 느꼈을 때는 언제였습니까?

'마이클럽'에서 근무했을 때입니다. 마이클럽 초창기 멤버로서 그저 막연히 '여성포탈 넘버원'이 되겠다는 목표로 일을 시작했습니다. 목표이긴 했지만 정말로 여성포탈 넘버원이 될까라는 의문이 들었던 것도 사실이었습니다. 그러나 그 의문이 다시 떠오르지 않도록 그냥 열심히 일했습니다. 저뿐만이 아니라 그 당시 함께 일했던 사람들의 열정과 목표의식은 대단했습니다. 그리고 사이트를 오픈해서 서비스를 시작하게 되자 일약 스타 사이트가 되었을 때의 성취감은 말로 표현하기가 어려울 정도로 감격스러웠습니다. 이 경험은 제가 지금까지도 인터넷 웹사이트 관련 일을 할 수 있게 만들어준 원동력이었습니다.

Q4. 호주에서의 워킹홀리데이 경험, 도서관 사서, 프리랜서 작가,
소설가, 커뮤니티 기획자 등 다양한 직업을 경험했는데
당신의 직업관이 궁금합니다.

직업이란 현재 내가 하고 있는 것이고, 일이란 내가 좋아하고 잘하는 것으로서 평생 해가는 것이라고 생각합니다. 다시 말해, 직업은 변할 수 있지만 일이란 것은 어쩌면 일생을 관통해서 어떤 형태로든 계속 이루어지고 있는 것인지도 모르겠습니다. 저는 장기적인 관점에서 당장의 직

업보다는 제 자신이 즐겁고 잘하면서 평생 할 수 있는 일을 찾고 싶었습니다. 어떤 조직에 속해 있느냐보다는 어떤 일을 하느냐가 관건이었지요. 제가 좋아하는 일이면 여가 시간을 내서라도 직접 부딪치려고 했었습니다.

앞으로 또 제가 어떤 직업을 경험하게 될지 지금 구체적으로 밝히기는 어렵지만 분명한 것은 저는 제가 좋아하는 일을 앞으로도 끊임없이 찾을 것이고 또 그 일을 하고 있을 거라는 것입니다. 그 일은 '글쓰기를 통한 소통'의 연장선상에 있을 것 같아요. 그래서 글쓰기를 계속 할 수 있도록 손가락을 소중하게 관리하고 있습니다.

Q5. 자신이 잘하고 좋아하는 일을 찾기 위해서는
어떤 노력과 활동이 필요하다고 생각하시나요?

우선 자신을 잘 알아야 한다고 생각합니다. 이렇게 말하면 누구나 쉽게 자신에 대해서 잘 안다고 말하지만 단순하게 무슨 색을 좋아하느냐는 질문에 금방 대답을 못하고 당황해하는 사람이 생각보다 많습니다.

우리는 타인의 기준으로 생각하고 타인에게 자신이 어떻게 비쳐지는지에 대해서만 신경 쓰는 경우가 많은데 정말 자신의 내면을 들여다볼 때 자신이 하고 싶은 일, 잘하는 일을 찾을 수 있다고 생각합니다. 아주 사소한 것, 색깔, 음식, 영화 등에서 세세하게 자신의 취향을 찾아보는 것. 그것이 자신을 알아가는 시작이고, 결국에는 자신이 좋아하는 일과 잘하는 일을 찾을 수 있게 되는 단서들인 셈이지요.

그리고 또 중요한 것은 일단 해보는 것이라고 생각합니다. 정작 시작해보지 않으면 생각처럼 안 되는 일과 그 반대로 기대 이상의 재미와 좋은 결과를 얻을 수 있는 일을 파악할 수 있습니다. 저는 스쿠버다이빙을 배운 적이 있는데 막상 해보니 5미터 이상 들어가질 못했습니다. 생각처

럼 잘 되지 않았지요. 하지만 어렸을 때 치던 피아노를 다시 시작했을 때는 의외로 실력이 빨리 느는 것을 느꼈습니다. 이렇게 자신이 잘하는 일을 시도해가며 알아가는 것이 어떻게 보면 가장 더딘 길처럼 보여도 어쩌면 가장 가까운 지름길인지도 모릅니다.

Q6. 후배 직장인들에게 남기고 싶은 말이 있다면 해주세요.

많은 여자분들이 그렇겠지만 제가 꿈꾸던 미래도 매스컴에서 연일 소개되는 '성공한 여자 직장인' 과 같은 모습이었습니다. 그런데 솔직히 그들을 보면서 기대만큼이나 열등감을 갖게 되었던 것도 사실입니다. 왜냐하면, 아무리 노력해도 그런 사람들처럼 될 것 같지 않았기 때문이지요.

그러나 어느 날, 문득 깨달은 것은 지금 저는 '제가 좋아하고 잘할 수 있는 일을 하고 있다' 는 사실이었습니다. 거기다가 그 대가로 제 생활을 꾸려갈 수 있는 월급까지 받으면서 즐겁게 일하고 있는 셈이지요. 이것만 가지고도 저는 꽤 성공적인 직장 생활을 하면서 살고 있다고 생각합니다.

매스컴에 소개되는 '성공한 여성' 은 대한민국에 몇 퍼센트도 안 되는 사람들입니다. 물론 그 분들이 훌륭한 것은 사실이지만 그들에게 배워야 할 것은 '성공한 상태' 가 아니라 '성공하는 과정' 이어야 한다고 생각합니다. 저 또한 지금의 상태가 결과가 아니라 과정이기 때문에 미래를 긍정적으로 보고 자신감을 가져야 한다고 되뇌고 있습니다. 누군가가 저에게 '성공' 의 정의를 묻는다면, '매일매일 즐거운 마음으로 일할 수 있는 것' 이라고 말하고 싶습니다. 그런 의미에서 저는 제 직장 생활에 충분히 만족하고 있습니다. 여러분들도 여러분의 일을 좋아하고 즐기는 직장 생활인이 되시면 좋겠습니다.

2장

사내 정치, 아는 것이 힘

회사는 정글이다

조직 생활을 잘하는 사람들은 회사나 상사의 흉을 보지
않는다. 뿐만 아니라, 불평분자라는 딱지가 붙은 사람과는
가까이 지내지도 않는다. 그들은 알고 있다. 조직에는 보이지
않는 벽이 있고 그 벽마다 귀를 바짝 대고 듣는 사람들이
있다는 것을. 또 회사에서는 아무도 안 보는 것 같아도
누군가는 지켜보고 있다는 것을. 그래서 보이지 않는 눈과
귀를 조심해야 한다는 것을.

09

상사를
공부한다

똑똑한 부하들은 상사를 공부한다. 상사의 업무 스타일은 물론 개인적인 성향을 파악하려고 관찰하고 분석한다. 그래서 자신이 상사와 코드를 맞추려고 노력한다. 업무 잘하는 것보다 상사의 비위를 맞추는 것이 훨씬 성공하기 빠른 길이라는 것을 알기 때문이다.

나의 상사는 어떤 성향인가

종합상사에 다니는 30대 중반의 남석태 과장은 직속상사인 부장과 사이가 별로 안 좋았다. 남 과장은 아무리 눈을 씻고 봐도 부장에게서 좋은 점이나 배울 점을 찾을 수 없었다. 본인은 일도 안 하고 빈둥거리면서 남 과장이 업무를 추진력 있게 끌고 나가려고 하면 제동을 걸기 일쑤였다. 뿐만 아니라 성향도 취향도 전혀 달랐다. 그리고 부장은 뭐든 시간이 오래 걸리고 뜸을 들였다가 얘기를 하는 버릇이 있어서 남 과장의 입장에서는 속에서 천불이 났다. 하다못해 식성마저 달라 맵고 짠 음식을 좋아하는 부장과 함께 식사를 하고 나면 소화도 잘 안 되었다. 마음 같아서는 인간적으로나 업무적으로나 엮이고 싶지 않지만 현실적으로 그럴 수는 없는 상황이었다.

그러던 어느 날 남 과장은 승진발표자 공지문을 보고 충격을 받았다. 그해에 승진은 떼어 놓은 당상이라고 생각했는데 자신이 누락된 것이었다. 회사를 그만둘까, 부장에게 따져볼까도 생각했지만 어쨌든 이 상태로는 안 되겠다는 위기의식을 갖게 되었다. 남을 바꾸는 것보다는 자신이 바뀌는 게 편하다는 진리를 받아들이고 그는 부장에게 먼저 다가서기로 마음을 고쳐먹었다. 빈말이나 아부는 자신의 체질에 맞지도 않았다. 일단 부장에게 먼저 말을 붙이는 것까지는 시도를 했는데 막상 대화를 하려고 해도 금방 끊기는 것을 느꼈다. 생각해보니 자신이 부장을 싫어하기만 하고 피하려고만 했지 정작 아는 게 별로 없었다.

그래서 일단 부장의 성향을 파악해야 맞출 수 있을 것 같아 사람의 성향에 관한 책을 추천받아 읽기 시작했다. MBTI 검사와 애니어그램 이론에 따라 사람의 성향을 분류해놓은 책들을 읽기 시작했다. 책을 읽을수록 자신과 부장이 너무 다른 성향이라는 것을 다시 한 번 확인했다. 그런데 재미있는 것은 연애할 때나 하던 '알면 사랑하게 되고 사랑하면 알게 된다'는 말이 상사에게도 그대로 적용된다는 것을 느낀 것이다. 부장의 성향에 대해서 알아갈수록 이해하는 마음도 차츰 생기고 친해질 수 있었다.

그는 부장과 같은 성향의 사람이 선호하는 방식이 무엇인지부터 찾아서 읽어보았다. 책을 통해 상사의 심리적, 개인적 특성들을 파악하게 되었고 안테나를 그의 성향에 맞추었다. 그랬더니 상사와의 관계가 점점 좋아지는 것을 느끼게 되었다. 그래서 그는 부장뿐만이 아니라 자신이 만나는 사람들에게 모두 적용해보았다. 사람마다의 유형을 먼저 숙지한 후, 그들이 선호하는 방식으로 그들을 대해보았다. 신기하게도 이 방식은 동료, 가족, 그리고 나 이외의 다른 사람을 이해하는 데 도움이 되었다. 심지어 거래처의 외국인 담당자에게도 적용해보았다. 해외출장을 갔을 때도 예외 없이 이 방식은 적중했다. 어느덧 그는 부장뿐만이 아니라 주변 사람들을 자신의 편으로 만드는 인간관계의 귀재가 되었다. 그 덕분에 남 과장은 다음해에 승진한 것은 물론이고 유능하고 성격 좋은 직원으로 조직에서 단단하게 자리매김했다. 이 일로 인해 그는 값진 교훈을 얻었다고 한다. 까다로운 사람과 위험한 상황이 인생 최고의 선생님이라는 것을.

상사와 말부터 맞춰야 마음도 맞춰진다

적어도 업무적인 대화를 할 때만큼은 상사의 대화 코드에 맞추어야 할 필요가 있다. 특히 직급이 높은 상사와의 커뮤니케이션을 할 때 다음과 같은 일은 자주 발생한다. 상사들은 보통 "그거 말야"

"그거 어떻게 됐지?" "왜 그 사람 있잖아" 이런 식으로 말한다. 상사들은 뭉뚱그려진 단어 하나를 툭 던져 질문을 한다. 한마디로, 어렴풋하게 점으로 말한다. 그 점을 명확하게 '선'으로 연결하는 것은 부하인 당신의 몫이다. 상사와 호흡이 잘 맞는 부하들은 되묻지 않고 그 질문의 의미를 파악해서 하나의 문장으로 자신 있게 대답한다. 그들에게는 조각조각 내뱉는 단어만 가지고 상사가 하고 싶어 하는 말을 알아차리는 추리력이 있다.

이런 경우, 일 잘하는 직원은 이렇게 대처한다. "아, OOO건은 어디어디까지 진행되고 있습니다." 혹은 "OOO 대표 말씀이시군요"라고 명확하게 보고한다. 그리고 마치 기다리기라도 했다는 듯이 관련되는 자료들도 함께 제시한다. 반면, "어떤 거요?" 혹은 "누구 말씀하시는 거예요?"라고 되묻는 부하에 대해서는 상사는 답답함을 느낀다. 이런 일이 잦으면 상사는 부하가 업무에 대해 파악을 잘 못하고 있고 업무 장악력도 부족하다고 판단하는 경향이 있다.

상사와 마음을 맞추려면 존중하는 마음이 시작이다

직속 상사를 거치지 않고는 승진할 수도 없고 조직에서 성공할 수도 없다. 일단 상사를 대함에 있어서 존경까지는 아니더라도 '나보다 나은 사람'으로 여기며 존중하고 있다는 것을 느낄 수 있도록 하는 게 좋다. 일단 나는 늘 상사의 편이고 상사가 잘 되는 데 꼭 필요한 사람이라는 인식을 주어야 한다. 상사의 부담감을 덜어주는 것. 그것이 당신의 첫 번째 목표다. 상사는 업무적이든 개인적이든 골치 아파하는 일을 대신 해결해주는 부하를 선호한다. 또한, 상사가 남들 앞에서 능력 있게 보이도록 도와주는 것도 상사를 내 편으로 만드는 방법이다.

상사의 인정을 받고 싶다면 다른 동료들이 할 수 없는 일을 해야 한다. 상사들은 해결사 역할을 해줄 부하를 찾는다. 상사들은 능력이 좋은 부하보다는 충성도가 높은 부하를 선호한다. 출장 중이나 회식 중에도 시키지 않아도 알아서 눈치껏 자신을 잘 챙기는 사람을 늘 곁에 두려고 한다.

마음을 얻은 후에는 상사의 도움을
이끌어내야 공부가 끝난다

상사와 좋은 관계를 유지하는 단계가 지나면 상사에게서 도움을 받는 단계로 넘어가야 진정한 의미에서 상사를 공부했다고 할 수 있다. 상사와의 관계에서 고수가 된 부하들은 자연스럽게 상사에게서 도움을 이끌어낸다. 우선 상사가 가지고 있는 지식이나 기술, 인맥 등을 활용해서 자신의 업무에 도움을 받는다. 특히 업무의 돌파구를 찾을 때 도움을 받을 수 있다. 그리고 그들은 상사의 권한도 활용할 때가 있다. 상사가 가진 권한으로 자신이 일하기 편하도록 사람이나 물건, 돈 등을 움직이게 해달라고 요청하기도 한다. 개인적으로는 인생의 상담가로서 피가 되고 살이 되는 상사의 조언들을 얻어내기도 한다. 이정도 되면 상사를 공부한 것에 대한 자격증을 받을 만한 수준이 된다.

누구나 알지만 실행하기 어려운 진실

상사를 당신 편으로 만들지 않으면 회사 생활이 괴로워진다. 능력도 안 되고 인격도 안 된다고 생각되는 상사라도 부하가 맞추는 게 조직 생활의 기본이다. 신기한 것은 사람들이 보는 눈은 비슷해서 골치 아픈 상사들은 내가 밀어내려고 노력하지 않아도 회사가 알아서 제거한다는 것이다. 암 환자들도 암 덩어리를 떼어내려고 애쓰는 것보다 내 몸의 일부라고 인정하고 느긋하게 생각하는 게 치유 확률을 높이는 방법이라고 한다. 맹렬하게 상사와 부딪쳐봐야 당신만 손해다. 또 상사가 마음에 들지 않는다고 회사를 옮기는 것도 좋은 해결책은 아니다. 그가 조직에서 아웃될 때까지 싫은 티 내지 말고 당신이 맞추고 견뎌야 한다.

10

CEO에게
눈도장 받는
사람들은 다르다

:

CEO도 인간이다. 또 외로운 존재다. 그들은 직원들의 존경과 관심을 받고 싶어 한다. 직원들에게도 능력 있는 리더로서 인정받고 싶어 한다. 또 직원들이 자신을 좋아해주기를 바란다. 마치 무뚝뚝한 아버지가 내색은 안 하지만 자식들에게 기대하는 것과 별로 다르지 않다. 그래서 먼저 다가와서 반갑게 인사를 건네고 술잔을 권하고 좋아하는 내색을 팍팍 내주는 직원들에게 눈길이 더 오래 머물고 이름도 한 번 더 불러주게 된다.

CEO들은 우리가 생각하는 것보다 훨씬 더 좋은 기억력을 가졌다는 공통점을 가지고 있다. 물론 깜빡깜빡 잘 잊어버리기도 한다. 하지만 자신의 관심 사항과 관련되는 사안이나 사람에 대해서는 정말 사소한 것까지 오랜 시간 기억하는 경우를 여러 번 지켜보았다. 300명 규모의 회사에 전문경영인으로 새로 부임한 한 CEO는 틈만 나면 직원들의 이름과 얼굴을 맞추어가며 외운다고 했다.

당사자들은 모르겠지만 CEO들의 머릿속에는 각 부서의 임원, 팀장, 핵심 부서원, 장기근속자, 특징이 있는 직원들의 이름이 입력되어 있다. 임원도 아니고 팀장도 아니고 장기근속자도 아닌 직원들 중에는 사내 송년회나 봄가을에 있는 야유회나 체육대회, 분기별로 있는 워크숍, 기타 사내 행사를 통해 특징 있는 직원으로 등극한다. 어쨌든 사내 행사나 업무 공간에서 CEO를 마주칠 기회가 많지 않기 때문에 그들은 제대로 한방에 강한 인상을 남기려고 노력한다.

먼저 다가가야 열리는 CEO의 세계

CEO를 출퇴근길에 엘리베이터에서 만나게 될 때도 있다. 시간은 길어야 2~3분이지만 짧은 시간 안에 강한 인상을 심어주려고 노력해야 한다. 일단 정중하게 인사를 해서 시선을 끈다. 그러면 CEO 쪽에서 가벼운 안부를 물을 수도 있다. 혹은 요즘 적극적으로 추진하는 업무에 대해 가볍게 질문을 던질 수도 있다. 이럴 때 이들은 잘 진행되고 있는 사안만 간단명료하게 답한다. 경영진들은 골치 아픈 얘기보다는 반가운 뉴스나 잘된 일만 듣고 싶어 한다는 것을 알기 때문이다. 만약 CEO가 구체적인 것을 계속 물어보면 따로 보고할 시간을 달라고 요청해서 구체적으로 보고한다. 또 이때를 자신의 능력이 돋보이게 보일 수 있는 기회로 삼는다.

이런 경우도 있다. 임원들 중에는 대표이사와 차를 함께 타고 이동을 하는 기회도 잘 활용하는 사람들이 있다. 이는 흔한 기회가 아니며 아무에게나 주어지는 기회도 아니다. 차 안이라는 공간은 특별해서 좁은 공간 안에 함께 있다는 것만으로도 자연스럽게 가까운 관계라는 느낌을 서로 주고받을 수 있다. 그래서 이들은 은밀하게 건의할 사항이나 조심스러운 얘기는 차 안을 활용하기도 한다. 회사 사무실이나 회의실에서 얘기하는 것보다 긍정적으로 받아들여질 가능성이 높다고 생각하기 때문이다. 간혹 차 안에서 CEO가 지나가는 소리로 뜬금없는 질문을 던지기도 한다. 요즘 회사가 돌아가는 것에 대해 당신의 의견을 묻기도 한다. 혹은 현재 CEO의 관심사나 골칫거리에 관한 키워드를 지나가는 소리처럼 내뱉기도 한다. 그래서 이때를 CEO의 의중을 알아볼 수 있는 기회로 활용하기도 한다.

또한, CEO와 해외 출장을 함께 다녀온 후에 인정받는 사람들도 있다. 이때를 업무 능력과 외국어 실력을 검증받을 수 있는 기회로 활용하기도 한다. 여기에 덧붙여 수행비서의 역할도 겸한다면 강한 인상을 남기기에 충분하다. CEO의 식성이나 선호하는 미팅 시간대와 이동 스타일, 숙소 등을 미리 파악해두고 시간 관리 및 컨디션 조절에 세심한 배려를 해서 CEO를 챙긴다. CEO는 이런 사람들을 함께 일하기 편한 아랫사람으로 분류하기 때문에 이들은 다음 출장 때도 함께 가게 될 확률이 높다. CEO들은 시간에 인색한 사람들이다. 매끄럽지 못한 일처리로 자신을 기다리게 하거나 시간이 오래 걸리는 것을 싫어한다. 또한 작은 불편함에도 익숙하지 않은 사람들이다. 따라서 자신이 편하게 일을 보거나 시간을 보낼 수 있게 해주는 사람을 늘 곁에 두고 싶어 한다.

한편, 같은 공간이라도 어느 시간대에 CEO와 마주치느냐에 따라서도 차이가 크다. 사무실이라는 공간도 공휴일이나 밤늦은 시간에는 색다른 의미가 있다. 바쁜 CEO들은 주중에 미처 처리하지 못한 일이 있으면 근무 시간에 구애를 받지 않는다. 퇴근을 했다가도 늦은 밤에 회사에 들르기도 한다. 혹은 주말에 틈을 내서 사무실에서 일을 처리하기도 한다. 아니면 주말에도 고생하는 직원들을 생각해 지나는 길에 간식거리나 과일을 들고 불시에 나타나기도 한다. 이때 몇 번 마주치게 되는 직원들을 유심히 봐둔다. 그리고 열심히 일하는 사람으로 기억한다. CEO들은 뭐니 뭐니 해도 출근 일찍하고 퇴근 늦게 하면서 일을 많이 하고 회사를 좋아하는 사람들을 좋아하기 때문이다.

어떤 사람들은 직접 대면하지 않고도 자신의 존재를 알리기도한다. 보통 명절 때가 되면 회사에서 직원들에게 단체 선물을 보내준다. 혹은 연말에 경영 성과가 좋아서 직원들에게 인센티브나 성과급을 지급하기도 한다. 혹은 스톡옵션을 할당해주기도 한다. 이럴 때 CEO에게 감사한 마음을 담아 이메일로 보내는 직원들이 있다. 혹은 명절 때마다 빼먹지 않고 조촐한 건강식품을 CEO의 집으로 배달시키는 직급이 낮은 직원도 있다. 이들은 자신의 애사심을 이런 식으로 표현하기도 한다. 당신이 CEO라고 해도 이런 직원을 한번이라도 더 쳐다보지 않겠는가?

아랫사람도 윗사람에게 줄 수 있어야

대부분의 사람들은 CEO는 주는 것이 당연한 사람들이라고 생각한다. CEO들이란 뭔가를 직원들에게 해줘야 하고 베풀어야 하고 해결해줘야 하는 존재로 인식하고 있다. 반면, 그들이 직원들에게 받는 것은 별로 없다. 지위가 올라갈수록 고맙다는 인사나 응원, 격려를 들을 기회는 점점 줄어든다. 하지만 CEO도 사람이다. 많은 것을 가진 CEO조차도 받는 것을 좋아한다. 경영자와 회사를 좋아하는 마음을 전하는 메시지, 이메일, 미소, 정성담긴 선물, 남들 앞에서 하는 칭찬 한마디. 이런 직원들의 마음이 CEO에게 전달되면 그들은 고단한 수고로움에 대한 보람을 느낀다. 그들이 바라는 것은 거창한 고가품이 아니다. 애정과 관심, 정성과 존경이 들어 있는 것이라면 아무리 소박한 것이라도 환영한다.

줄 서면
팽 당한다

11

　　재무통 출신의 40대 후반인 남궁현 부사장. 그는 신임 CEO가 외부에서 영입되자 이직을 결심했다. 신임 사장은 코드 맞추기가 너무 어려운 성향이라 자신이 회사를 옮기는 것이 낫겠다고 생각한 것이었다. 남궁 부사장이 새로 옮긴 회사는 그동안 자신이 몸담았던 업계와는 전혀 다른 광고 회사였다.

　　대부분의 임원들이 새로운 회사로 자리를 옮기게 되면 전 직장에서 자신들의 마음에 맞는 팀장이나 차ㆍ부장급을 새 회사로 불러들이는 경향이 있다. 남궁 부사장도 예외는 아니어서 평소 눈여겨봤던 여민기 차장을 불러들였다.

　　그래서 여 차장은 남궁 부사장의 부름을 받아 낙하산을 타고 광고 회사에 착륙했다. 광고회사에서는 여 차장이 반가울 리 없었다. 어느 회사에나 텃새라는 게 존재하기 때문이다. 더군다나 새 회사에서 남궁 부사장의 입지는 아직 그리 탄탄하지 못했다. 결국 여 차장은 1년도 못되어 이 회사에서 나갈 수밖에 없었다. 장기 해외출장을 자주 다니던 부사장이 부재중일 때 회사에서는 조직 개편이 있었는데 회사측에서는 여 차장의 퇴직을 종용했다. 여 차장은 이번 회사측의 조치는 자신의 업무 성과와는 상관이 없다는 후문을 듣게 되었다. 이는 남궁 부사장의 적수 임원이 부사장을 견제하려는 목적에서 그의 손발인 여 차장을 쳐내는 것이라는 것이었다. 그래서 해외 출장 중인 부사장에게 SOS를 쳐보았지만 결과는 달라지지 않았다.

상사가 다른 회사로 옮기더라도
협조적인 관계를 유지하는 게 가장 현실적

직속 상사가 이직을 하면서 당신에게 함께 옮기자고 한다면 당신은 어떤 선택을 할까? 현실적인 사람들은 이런 경우 회사에 남는 쪽을 택한다. 상사가 이직을 하면 자신이 상사의 자리로 승진을 할 가능성이 높기 때문이다. 아무리 자신을 잘 챙겨주는 상사라 할지라도 상사의 의리에 대해 확신할 수 없다면 이들은 그냥 남는다. 상사가 다른 회사로 함께 가자고 강하게 권유해도 따라가지 않는다. 이직은 하지 않지만 대신 친분은 유지하려고 노력한다. 회사는 달라졌다고 하더라도 서로 도울 수 있는 방법을 모색함으로서 관계를 유지한다.

아무리 마음에 맞는 상사라도 의리와 친분으로 회사를 옮기는 것은 바람직하지 않다. 의리가 아름다운 미덕이 되는 때는 오로지 상사와 부하 양쪽이 모두 의리를 지킬 때뿐이다. 회사와 개인, 상사와 부하직원 사이의 의리와 충성심은 쌍방향으로 오고가야 한다.

권력은 불과 같아서 가까이 가면 덴다

권력자의 주변에는 사람이 몰리기 마련이다. 잘나가는 사람 옆에 있어야 시쳇말로 콩고물이라도 떨어지기 때문이다. 그러나 권력은 그리고 힘은 움직인다. 힘이라는 것은 한 사람에게 오래 머물러 있지 않는다. 돌고 돈다. 한자성어 중에 권불십년(權不十年)이라는 말이 있다. 아무리 막강한 권력이라도 오래도록 누릴 수 없다는 뜻이다. 지금은 탄탄한 동아줄 같아 보여도 얼마 지나지 않아 썩은 동아줄이 될 수 있다. 그래서 직장 생활을 하다 보면 양지가 음지가 되기도 한다. 늘 이점을 명심해야 한다.

OOO 상무의 사람, OOO 부사장의 남자, OOO 사장의 오른팔. 이런 타이틀은 보통 회사 내에서 실세의 최측근에게 부여된다. 순탄할 때는 문제가 되지 않는다. 한때는 어깨에 날개를 달고 구름 위를 걸어다니는 기분을 느끼기도 한다. 그러나 이것도 한때뿐이다. 오히려 어느 순간부터는 이런 타이틀이 이들의 발목을 잡기도 한다. 줄을 잘못 섰다가는 윗사람이 잘려나갈 때 세트로 함께 딸려서 내쳐질 수 있기 때문이다. 그래서 함께 짐을 싸야 하는 경우도 발생한다.

이렇게 되면 믿었던 상사도 회사에 있을 때나 나를 믿어주고 지원해주는 든든한 우군이지 회사 밖에 나오면 그도 이빨 빠진 호랑이이다. 상사의 태도도 달라진다. 당장 자기 살 길이 막막하기 때문이다. 자신도 한 집안의 가장이므로 자기 앞가림하기도 어려운 상황이기 때문에 그 상황에서 부하를 챙겨주기는 쉽지 않다. 이렇게 되면 부하의 입장에서는 상사에 대한 실망이 커질 수밖에 없다. 그러므로 상사 때문에 자신이 이렇게 낙동강 오리알이 되었다고 한탄하고 원망하는 일이 생기지 않도록 그냥 줄을 안 서는 게 상책이다.

권력이란 불과 같아서 타오르고 있으면 사람들은 자기도 모르게 그쪽으로 다가가게 되어 있다. 적당히 다가가면 따뜻한 온기를 느낄 수 있고 추위를 면할 수 있다. 그러나 너무 가까이 다가가면 데기 쉽다. 이렇게 되면 화상의 고통도 감수해야 하지만 그 흉물스러운 흉터도 내 몸에 평생 남아 꼬리표처럼 따라다닌다.

장기근속자는
새로운 경영진에게
퇴출 1순위이다

:

회사에 입사한 지 10년이 넘은 유부녀 과장인 최수정 씨와 나화신 씨. 이들은 대학을 졸업하자마자 지금의 회사에서 아르바이트 직원으로 근무를 시작했다. 이들은 회사설립 초창기부터 근무하기 시작한 장기근속자들이었다. 그러나 이들의 회사 생활은 이제 얼마 남지 않았다. 몇 달 전, 이 회사의 새 주인이 바뀌면서 정리해고 대상자 명단에 이들의 이름이 올라갔기 때문이다. 맞벌이를 하면서 각각 두 자녀를 키우며 일하는 엄마로서 살아가는 이들은 요즘 불안해서 밤잠을 설치고 있다.

그녀들은 사내에서 '빅 마우스'로 통했다. 심증만 있고 물증은 없는 '~카더라' 통신, 횡횡하게 떠도는 루머들을 모은 '뒷동네 얘기'. 이런 소식들은 그녀들의 거침없는 입담을 통해 사내에 전파되었다. 또, 퇴직자들과 꾸준히 연락을 유지하면서 업계에서 돌고 있는 회사에 관련된 소문들도 신속하게 그녀들을 통해 바깥으로 퍼져

나갔다. 그래서 그녀들이 아는 얘기는 전 직원이 안다고 생각해도 무리가 없을 정도였다.

뿐만 아니라, 이들은 한 회사에서 오래 근무했기 때문에 이들이 알고 있는 정보는 방대했다. 지금까지 회사가 추진했던 사업의 성패, 임원진들의 스타일, 부서끼리의 완력 변천사, 직원들 개개인의 사생활과 업무 능력까지 속속들이 알고 있었다.

이들은 자신들이 회사를 오래 다닌 것을 무슨 큰 기득권이나 힘을 가진 것으로 여기는 것 같았다. 그래서 자신들보다 늦게 입사한 팀장이나 직속 상사의 지시에도 협조적이지 않았다. 물론 겉으로는 고분고분하게 대답했다. 하지만 리더의 자리에 처음 오르거나 새로운 조직을 맡은 병아리 리더들을 대상으로 소위 텃세를 부렸다. 앞에 나서서 건의를 하는 것도 아니고 삼삼오오 몰려다니면서 뒤에서 상사에 대해 수군거렸다. 또한, 자신이 가지고 있는 정보를 상사와 공유하지도 않았다. 하지만 자신들이 맡은 담당 업무는 곧잘 해냈기 때문에 직속 상사의 입장에서는 달갑지 않으면서 데리고 있기에 거슬리는 '앓던 이' 같은 존재였다.

마침 이번에 회사가 매각되어 새로운 경영진이 들어서면서 기존 조직을 구조조정하게 되자, 이들의 상사들은 기다렸다는 듯이 퇴출자 리스트에 이들의 이름을 적어넣었다. 평소 일 좀 한다고 또 회사 좀 오래 다녔다고 거들먹거리며 손안에 잡히지 않았던 이들을 정리할 기회로 삼은 것이었다. 새 경영진들은 골치 아픈 장기근속자들을 내보내고 그 자리에 자신의 사람들을 심고 새 피를 수혈해서 의욕적으로 회사를 이끌고 싶어 했다. 이런 경영진의 의지를 명분으로 내세워 그녀들의 팀장은 그녀들을 말끔하게 정리하게 된 것이다.

장기근속자가 가져야 할 태도는
기득권이 아니라 위기의식

우리는 종종 창업주와 2세 경영인 간의 세대교체가 일어나면 전문경영인도 교체되는 것을 보아왔다. 창업공신 그룹과 2세 경영자 그룹의 마찰을 목격할 때도 있다. 새로운 경영진들에게 창업공신 그룹이나 이전 경영진의 구성원은 부담스러운 존재들이다. 그래서 어떻게 해서든 내보내려고 한다. '새 술은 새 부대에 담아야 한다'를 외치며.

오래 살아남기 위해 한 회사에서 장기근속해야 한다고 생각하는 것은 위험한 발상이다. 오히려 장기근속자들은 새로운 경영진이 회사에 입성하게 되면 자신들은 퇴출 1순위라는 위기의식을 가져야 한다. 담당 임원이 바뀌었을 때도 마찬가지이다. 회사에 수혈된 젊은 피들에게는 장기근속자들이 거북한 존재들이며 힘 떨어진 뒷방 늙은이 같은 존재이다. 새 주인은 한 회사에서 오래 근무한 직원들은 매너리즘에 빠지기 쉽고 편하게 안주하려고 하는 습성이 있다. 일반적으로 경영진들이 정작 두려워하는 것은 매출 부진이 아니다. 오히려 조직에 퍼져 있는 매너리즘을 호환마마보다 더 무섭게 생각한다. 그래서 새 주인들은 장기근속자들을 달가워하지 않는다. 왜 냐하면, 직원 하나하나가 마치 싸움터의 전사처럼 치열하게 싸우고 뜨겁게 이기기를 바라기 때문이다.

강한 것은 혼자다. 혼자 선 사람이 강한 사람이다

조직 생활을 잘하는 사람들은 회사나 상사의 흉을 보지 않는다. 뿐만 아니라, 불평분자라는 딱지가 붙은 사람과는 가까이 지내지도 않는다. 그들은 알고 있다. 조직에는 보이지 않는 벽이 있고 그 벽 마다 귀를 바짝 대고 듣는 사람들이 있다는 것을. 또 회사에서는 아 무도 안 보는 것 같아도 누군가는 지켜보고 있다는 것을. 그래서 보 이지 않는 눈과 귀를 조심해야 한다는 것을. 그리고 사람은 비슷비 슷해서 내가 어떤 사람에 대해 느끼는 것을 남들도 똑같이 느낀다 는 것을. 단지 말로 뱉지 않을 뿐이라는 것을. 그래서 불편하고 못 마땅한 일이 있어도 자신의 입으로 내뱉지 않아도 해결이 된다는 것을.

사자나 독수리 같은 강한 동물들도 혼자 다닌다. 강한 사람은 몰 려다니지 않는다. 여기서 강한 사람이란 직급이 높은 사람이 아니 다. 줄 서지 않고 오래 살아남아 있는 사람이 강한 사람이다. 그렇다 고 강한 사람이 딱딱한 사람은 아니다. 강한 사람도 직원들에게 친 절하게 대하고 동료들과 잘 지내려고 노력한다. 하지만 특정 무리 에 속하거나 특정 몇몇 사람과만 친하게 지내지 않는다. 사내에서

친구를 만들려는 노력도 하지 않는다. 줄 서지도 않는다. 강한 사람
은 그냥 혼자 유유히 마이웨이를 간다.

13

눈총도 총이다
많이 맞으면 죽는다

CEO의 직속 부서인 전략기획팀에서 근무하는 30대 중반의 오주란 팀장. 팀장급으로서는 유일하게 매주 월요일에 있는 임원회의에 참석한다. 이 팀에서 임원회의를 주관하기 때문에 오 팀장도 회의에 참석한다. 회의에서 맡은 그녀의 역할은 임원들로부터 취합한 자료를 바탕으로 작성한 회의 자료를 배포하고 회의가 원활하게 진행되도록 준비를 하고 회의 중에는 회의록을 작성하는 정도이다.

그런데 직원들 사이에서 유난히 오주란 팀장에 대한 구설수가 끊이질 않았다. 그녀가 슬쩍슬쩍 내보이는 우월감과 특권의식이 다른 동료들에게는 미묘한 박탈감을 주었기 때문이다. 그래서인지 구설수에 그녀의 이름이 자주 거론되었다. 사실 직원들 사이에서는 사실의 진위 여부는 별로 중요하지 않았다. 직원들은 그녀의 설명이나 해명보다는 공중에 떠다니는 말들을 더 믿어버렸다.

오 팀장 입장에서는 왜 직원들이 자신을 색안경을 끼고 보는지 그리고 자신이 하지도 않은 일에 왜 자신의 이름이 들먹이는지 억울하고 분하기만 했다. 자신은 단지 CEO가 직접 관여하는 팀의 소속이기 때문에 업무를 잘해내고 싶은 욕심 때문에 열심히 일한 죄밖에 없다고 생각했다. 그녀는 비싼 수험료를 내고 한참 후에야 깨닫게 되었다. CEO와 교류가 많거나 직속 팀에서 근무하는 직원일수록 사내에서는 언행에 더욱 신경을 써야 한다는 것을. 다른 사람들보다 더욱 겸손한 태도를 보여야 눈총을 피할 수 있다는 것을.

질투도 관리해야 한다

일반적으로 눈총은 부러움과 질시에서 시작된다. 눈총을 받는다는 것은 비중 있는 인물이라는 증거이기도 하다. 질투는 적을 만들고 그렇기 때문에 경쟁자들의 표적이 되는 것이다. 남들보다 더 똑똑한 사람, 늘 자신만만한 사람, 승진이 빠른 사람, 좋은 기회가 많이 생기는 사람, 최고 경영진의 측근에 있는 사람들은 빈번하게 눈총을 맞는다. 어쨌든 튀면 눈총을 받을 수밖에 없다. 그런데 눈총도 총이라 많이 맞으면 죽는다. 생존을 위해서는 피하는 게 상책이다.

조직에서는 실력이 없으면서 빈둥거리고 큰소리만 치는 사람은 미움을 받는다. 그에 못지않게 사람들이 경계하는 사람이 있다. 바로 너무 의욕적이고 야심이 많아 보이는 사람이다. 혹은 완벽해 보이는 사람이다. 이들은 눈총을 받는다. 상사들은 똑똑하고 의욕적이고 열심히 일에 달려드는 부하를 좋아한다. 하지만 동료나 후배들은 이런 사람들을 경계한다. 자신의 자리를 위협할 것 같기 때문이다. 보통 직장인들은 눈에 튀지 않는 '만만한 사람'을 곁에 두고 싶어 한다. 오히려 나를 돋보이게 하는 좀 모자란 사람과 함께 있을 때 편안함을 느낀다.

그래서 정말 똑똑한 사람들은 역발상을 한다. 이따금 큰 해가 될 것 같지 않은 자신의 약점을 자연스럽게 노출하는 것이다. 그래서 남들이 더 똑똑하다고 느끼게 해준다. 사람들은 일단 자기보다 못한 사람이라는 생각이 드는 사람에 대해서는 별로 의심하지 않는다는 것을 알기 때문이다.

진짜 똑똑한 사람은 똑똑한 체하지 않는다

야망을 대놓고 드러내는 사람은 하수다. 고수들은 실력을 다 보여주지 않는다. 상대가 하나를 물었는데 열 개, 스무 개까지 대답하지 않는다. 왜냐하면 무언가를 이룩하기 위해 지속적으로 200%의 노력을 쏟아부으면 반드시 그 부작용이 나타난다는 것을 알기 때문이다. 하수들은 자신의 실력이 100점짜리라는 것을 보여주고 인정받고 싶어 한다. 하지만 고수들은 적들도 많이 생기고 눈총도 많이 받아야 하는 100점보다는 80점을 받는 게 오히려 이득이 더 크다고 생각한다.

송년회나 회식 때
엔터테이너가 된다

14

:

          이연희 씨는 가녀린 이미지의 신입사원이다. 늘 수줍은 미소를 띠는 그녀. 그런데 회식 자리에서 그녀를 본 동료들은 깜짝 놀라지 않을 수가 없었다고 한다. 술을 몇 잔 마시더니 이유 없이 닭똥 같은 눈물을 흘리기 시작했다. 누군가 그녀에게 쓴소리를 하거나 나무라지도 않았는데 그녀는 한동안을 울었다. 웃고 떠들며 즐거운 시간을 보내고 있던 동료들은 순간 당황해서 그녀를 달랬지만 그녀의 눈물은 그칠 줄을 몰랐다. 그녀 덕분에 시끌벅적했던 회식 분위기는 급속하게 가라앉게 되었다. 그래서 이날은 다른 때보다 빨리 자리를 정리했다고 한다. 이날의 해프닝은 신입사원의 귀여운 주사쯤으로 봐줄 수 있지만 선배들은 그녀의 갑작스러운 눈물에 난감하지 않을 수 없었다. 팀장 또한 매우 난처해 했다. 그 이후로는 회식 자리가 있을 때마다 팀장은 이번에도 울 거냐며 뼈 있는 농담을 해서 그녀를 불편하게 했다.

회식은 무조건 즐겁고 재미있게

회식 때는 웃고 떠들면서 사무실에서 쌓였던 마음의 앙금들과 업무적 스트레스를 털어버리는 시간으로 삼아야 한다. 그렇다고 긴장을 너무 푼 나머지 동료들에게 사생활까지 털어놓으며 공감을 얻으려고 할 필요는 없다. 또 술김에 회사에 대한 건의 사항이나 상사에 대한 불만 사항을 털어놓는 것도 별로 영양가가 없다. 또 한 가지 피해야 할 것은, 이연희 씨처럼 술 마시기 전과 마신 후가 180도 변해서 동료들을 당황시키는 것이다.

회식 자리를 바라보는 상사들의 마음을 엿보면, 놀 때는 잘 노는 부하를 좋아한다. 동료들과 어울려 재미있게 노는 부하, 많은 사람들이 참석하도록 챙기는 부하, 회식 자리에 끝까지 자리를 함께하는 부하, 자기가 좀 망가지더라도 분위기를 한층 띄우는 부하, 사무실에서는 무뚝뚝하지만 회식 자리에서는 자신에게 먼저 다가와 살갑게 소주잔을 권하는 부하에게 마음속으로 좋은 점수를 준다. 설사 술이 세지도 못하고 분위기를 잘 띄우지 못하더라도 끝까지 회식 자리에 남아 취한 사람들을 챙겨주는 사람에게도 좋은 점수를 준다.

하지만 정작 보너스 점수를 주는 직원들은 따로 있다. 이 점수는 보통 회식 다음날 매겨진다. 그 대상자는 다음날 지각하지 않고 멀쩡하게 출근하는 직원이다. 전날 회식 자리에서 끝까지 자리를 지키고 앉아서 코가 삐뚤어지게 술을 마셨더라도 다음날은 멀쩡해야 한다. 상사들은 술이 센 것, 체력이 강한 것도 능력이라고 여긴다.

리더들도 엔터테이너로서의
자질을 높이기 위해 노력한다

한편, 자신이 직접 나서서 회식 분위기를 주도하는 상사들도 있다. 이들은 직원들의 긴장을 풀어주기 위해 자신이 망가져서라도 회식 자리를 화기애애한 분위기로 만들려고 노력한다. 유머나 춤, 노래를 최신 버전으로 업그레이드 하는 노력파도 있다. 젊은 직원들과의 정서적인 간극을 줄이기 위해 그리고 상사 자신이 트렌드에 민감하고 젊은 마인드를 가진 사람이라는 인상을 주기 위해서이다.

어떤 여성 임원은 일 년에 몇 번쯤은 독특한 차림새로 직원들에게 즐거움을 주려는 노력을 하고 있다. 그날만큼은 남을 위해 자신을 꾸미는 것이다. 독특한 액세서리를 하거나 파격적인 색상의 의상을 입거나 평소답지 않은 헤어스타일을 하고 회사에 나타나서 보는 사람의 탄성을 자아낸다고 했다. 그녀는 이런 이벤트를 함께 일하는 사람들에게 사소한 즐거움을 주는 자신만의 의식이라고 했다.

CEO 중에서도 직원들과 함께 하는 시간에 즐거움을 선사하려는 노력을 하는 사람이 있다. CEO조차도 그런 노력을 한다는 것을 안 것은 몇 년 전 재미있는 신문기사를 발견했을 때였다. 송년회를 위해 한 CEO는 며칠간 연습을 해서 엘비스 프레슬리와 똑같이 분장을 하고 직원들 앞에서 노래와 춤을 선보여 직원들에게 기억에 남는 송년회를 선사했다고 한다.

직장 생활에 필요한 엔터테이너 지수

우리의 직장 생활은 반복적이다. 매일 같은 자리에 앉아서 같은 얼굴들을 보면서 하루하루를 보낸다. 밋밋하고 지루한 하루하루가 되기 쉽다. 어쩌면 우리는 도돌이표 인생을 살고 있는지도 모른다. 1년 동안에 똑같은 하루를 365번 반복해서 살고 1달 동안에 똑같은 하루를 30번 반복해서 살고 있는지도 모른다.

조직 생활을 잘하는 사람은 직장 생활에 악센트를 줄 줄 안다. 동료들을 즐겁게 해서 지루함을 즐거움으로 바꿀 줄 안다. 동료를 한번 미소 짓게 만들면 각박한 직장 생활이 윤택해지기 때문이다. 그들은 작은 노력으로 엔터테이너 지수를 높이는 능력이 있다.

개구리를 개구리로
대접할 줄 안다

15

:

 일본계 전자회사의 한국 지사에서 근무하는 한
연호 이사는 동료인 노태성 이사만 보면 인상이 찌푸려진다. 사실
한 이사가 과장으로 입사할 당시만 해도 노 이사는 이 회사의 터줏
대감 부장이었다. 그러나 이들의 관계는 6~7년 사이에 전세가 역전
되었다. 마케팅과 영업을 담당했던 과장은 이사로 초고속 승진을 했
고 인사총무를 담당했던 부장은 단지 한 단계만 높아진 것이다.

 노 이사가 한 이사의 신경을 거스르는 것은 한 이사가 기억하고
싶지 않은 옛날 얘기를 직원들 앞에서 불쑥불쑥 꺼내기 때문이다.
"자네 입사했을 땐 꽤 성격이 급했잖아. 그래서 그땐 말도 자주 더
듬었는데 말이야. 하하하"라고 말한다든가, 회식자리에서 술기운을
빌어 "자네 예전에는 술만 마시면 나를 택시로 우리 집까지 바래다
주곤 했었지. 자네 집이 우리집과 반대방향이었는데도 말이야"와
같은 말을 내뱉어서 인상을 찌푸리게 했다.

예전이야 어쨌든 지금은 이 회사에서의 한 이사의 위상은 노 이사보다도 높다. 물론 한 이사가 노 이사보다 나이도 어리고 입사도 늦게 했지만 말이다. 한 이사는 영업을 책임지고 있어서 실질적으로 회사의 가장 역할을 맡고 있다. 뿐만 아니라 지사장의 두터운 신임도 받고 있다. 한편, 매년 좋은 매출 실적을 기록할 때마다 직원들에게 성과급이 넉넉하게 돌아가도록 지사장을 설득하는 일을 하는 건 한 이사였다. 그래서인지 직원들도 한 이사를 더 따르는 편이었다.

그런데 노 이사는 한 이사를 옛날 생각만 하고 부하직원 다루듯이 했다. 또, 한 이사를 부를 때 공식직함인 '이사' 호칭을 고의적으로 잘 쓰지 않았다. 그냥 '이 친구' 혹은 '자네'와 같은 개인적인 호칭으로 얼버무리고 만다. 둘만 있을 때뿐만이 아니라 직원들과 같이 있을 때도 그러면서 은근히 기선을 제압하려고 들었다. 예전 상황을 모르는 직원들은 지금은 실세가 된 한 이사 위에 군림하려고 하는 노 이사의 태도에 의아해 했다. 이럴 때면 사내에서 '매너 한'으로 불리는 한 이사는 그냥 쓴 웃음을 지으며 묵묵히 들어줄 수밖에 없었다. 하지만 머릿속으로는 '어떻게 하면 자꾸 내 과거를 들추는 저 인간을 빨리 내보낼 수 있을까?'를 생각하고 있다.

사소하고 미묘한 호칭 문제

이런 경우도 있다. 당신과 입사 동기이며 얼마 전까지 당신과 같은 과장이었던 동료가 있다고 치자. 그런데 올해 그 동료는 차장으로 승진했고 당신은 승진에서 누락되었다. 이럴 경우, 승진한 동료를 예전과 똑같이 대하는 것은 문제가 있다. 승진 발표가 나면 깍듯하게 '차장님' 소리를 붙여줘야 한다. 내 쪽에서 먼저 자발적으로 '상사'로서 예우를 한다는 태도와 말투를 보이는 것이 기본이다. 승진자가 쑥스러우니 그냥 예전에 하던 대로 하라고 해도 내 스스로가 먼저 몸을 낮추어야 한다. 이는 사소하지만 미묘한 사안이다.

또 대부분의 직장인들이 전 직장 선배나 상사를 오랜만에 만나면 곤혹스러워 하는 때가 있다. 그 당시 내가 팀의 막내였거나 혹은 대리 직급이었다면 그들은 지금도 예전의 그 막내나 대리로 자신을 대하기 때문이다. 지금 내가 차장이든 부장이든 상관없이. 상사들은 친하다고 생각해서 옛날 기분을 내느라 그런다지만 듣는 사람의 입장에서는 별로 달갑지 않은 추태이다.

개구리에게 올챙이 적 얘기를 꺼내면 미운털 박힌다

개구리는 더 이상 올챙이가 아니다. 개구리는 개구리로 대해줘야 한다. 남의 옛 과오나 실수를 자꾸 들추어내는 사람은 마치 아물지 않은 상처를 건드리는 것과 다를 바가 없다. 물론 빨리 승진하는 사람을 보면 시기심과 질투심 때문에 심사가 편하지 않은 것은 이해한다.

어설픈 시절의 옛 이야기를 하는 것이 그 사람에 대한 친근감이나 관심 때문이라고 말하는 것은 단지 옹색한 변명일 뿐이다. 예전 생각만 하고 맞먹으려고 하면 오산이다. 아니꼽고 쑥스럽고 어색해도 '지금의 그'로 예우해야 한다.

그리고 개구리에게 올챙이 적 얘기하면 미운털만 박힌다. 혹은 적이 될 수도 있다. 나로 인해 자존심에 상처받은 사람은 어느 한 순간 나에게 불리한 상황에서 부정적인 의견을 한마디 거들어서 나를 한방에 보내버릴 수도 있다. 괜히 작은 불씨를 만들어놔서 어느 날 홀라당 타버리는 불행한 사고를 당할 수 있는 것이다. 직장에서 본인이 밝히기를 꺼리는 옛날 이야기나 과거는 언급하지 말아야 한다. 또한, 남의 콤플렉스 또한 들추지 말아야 한다. 자수성가한 사람들은 자신의 힘든 시절에 고생했었던 얘기를 남들 앞에 불쑥불쑥 꺼내는 것을 불쾌하게 생각하기 때문이다. 그들이 지금의 자리까지 오르면서 들였던 고단한 노력의 흔적을 보이고 싶지 않아 하기 때문이다. 그들은 지금의 화려함, 당당함, 유쾌함만을 보이고 싶어 한다.

그런데 세심한 사람들은 남다르다. 그들은 개구리를 개구리로 대접할 때만이 잘 나가는 개구리들과 좋은 관계를 유지될 수 있다는 것을 안다. 그래서 예전 거래처의 직원이나 외부 지인에게 오랜만에 연락을 해야 할 일이 생기면 우선 현재의 직함부터 확인하고 수화기를 든다. 이것이 실수를 줄이는 하나의 방법이기 때문이다.

인맥을 다지는
노하우가 있다

16

:

승진이 빠른 차승원 과장은 상당히 전략적인 사람
이다. 그가 담당하고 있는 일도 마케팅 업무라 업무적으로도 전략적
이고 사내에서 인맥을 쌓아가는 방식 또한 전략적이다. 그는 모든
직원들과 친하게 지내려고 노력하지 않는다. 그에게 있어서 '친해
져야 할 사람'은 단지 몇 가지의 카테고리에 해당되는 사람들에 해
당된다.

첫째는 회사에서 인정받는 사람들이다. 상사든 동료든 부하든
가리지 않는다. 여기에는 조직도에서 실세라고 할 수 있는 핵심부
서도 포함된다. 이들과 친해지면 회사나 사업에 관한 최신 정보들
을 들을 수 있기 때문이다. 둘째는 조직의 마당발들이다. 이 마당발
들은 어느 특정 그룹 차원이 아니라 전 방위로 폭넓은 인간관계를
형성하며 사람들에게 긍정적인 영향력을 끼치는 사람들이다. 이 사
람들을 통해서는 다른 많은 사람들의 신상 정보를 들을 수 있기 때

문이다. 셋째는 능력은 있지만 갑자기 한직으로 밀려나거나 조직의 쓴맛을 본 동료들이다. 이들이 음지에 있는 동안 차 과장은 잘 챙겨주고 변함없이 우호적으로 대한다. 실력이 있는 사람들이라 다시양지로 갈 수 있기 때문에 힘들어 할 때 챙겨주면 확실히 자기 편을만들 수 있기 때문이다. 그 외에는 독특한 취미나 독특한 분야의 전문 지식을 가지고 있는 동료들과 친하게 지낸다. 혹은 평범한 사람들이 부담스러워하는 괴짜나 튀는 동료에게도 손을 먼저 내민다. 이런 훌륭한 정보원들과 만나면 발상의 전환을 하거나 기분 전환을할 수 있기 때문이다.

그가 사람들과 친해지는 방법은 그리 특별하지 않다. 너무 급하게 친해지려고 하지 않는다. 한꺼번에 여러 사람을 만나지 않는다. 밥값을 잘 내고 경조사에는 꼭 참석한다. 기억력이 매우 좋아서 상대의 자녀 이름, 사는 동네, 관심사, 취미 등을 빠짐없이 기억한다. 이렇게 해서 원했던 사람과 친해지면 그 사람의 아쉬운 곳이 어딘지를 파악했다가 자발적으로 도와주기도 하고 반대로 도움이 필요하면 그 사람이 나를 위해 움직이도록 적극적으로 요청한다.

한편, 직장인은 아니지만 인맥을 형성하고 관리하는 데 있어서보고 배울 만한 여자 사장님 한 분을 알고 있다. 그녀는 각양각층의유명 인사들과 매우 탄탄한 관계를 맺고 있다. 그룹 총수의 부인부터 대기업 임원, 교수, 전문직 종사자, 일반 기업의 실무자까지 인맥이 상당히 다양하다. 그녀는 업계와 세대, 성별을 초월해서 다양한사람들을 만난다. 그녀는 만남을 절대 일회성으로 그냥 두지 않는다. 모임을 만들어 10년 이상 지속적으로 유지하고 있다. 단순한 사교 모임이라기보다는 함께 뭔가를 배우고 의견을 교류하고 최근 동향을 파악할 수 있는 스터디 모임 형식이다.

그녀는 인간관계를 할 때의 원칙이 있다. 바로 '남에게 도움을 주는 존재가 되자'와 '남에게 아쉬운 소리는 하지 말자'라고 한다. 그녀는 이런 원칙을 고수함으로서 아무리 높은 자리에 있는 사람이거나 아무리 부자인 사람들도 당당하게 대할 수 있다고 말했다.

그녀가 사람들을 만나는 스타일은 전방위적이고 적극적이다. 남녀노소, 직급을 막론하고 다양한 부류의 사람들을 한결같이 소중한 사람으로 대한다. 또, 한 사람 한 사람에 대한 특징들을 잘 기억해둔다. 그리고 사람에게 사람을 소개하는 것을 좋아한다. 특히 그녀의 선물을 받아본 사람이라면 그녀에게 마음을 열지 않을 수 없게끔 만든다. 감성적인 선물로 사람들을 감동시키기 때문이다. 엄청난 부자라서 없는 게 없는 사람일수록 그녀는 정성이 깃들고 소박한 선물을 한다. 시중에서 구하기 어려운 맛깔스러운 고추장이나 된장, 장아찌를 정갈한 용기에 담아 선물하기도 한다. 혹은 축의금 대신 결혼 선물로 따뜻한 분위기를 자아내는 그림을 선물한다고 한다.

내가 잘나가면 사람들은 나에게 모이게 되어 있다

인맥을 키우는 첫 번째 방법은 스스로 잘난 사람이 되는 것이다. 권력자들에게 사람이 모이는 이유가 바로 여기에 있다. 굳이 내가 찾아 나서지 않아도 사람들이 자신을 찾아온다. 사람들은 뭔가를 청탁을 위해서가 아니라 그저 나와 알고 지내는 것만으로도 만족한다. 그런데 아직 잘난 사람이 되지 않았다면 스스로 사람들을 찾아 나서야 한다. 이미 좋은 인맥을 가진 사람들에게 접근하는 것도 하나의 방법이다. 혹은 이미 형성되어 있는 모임에 참여하는 방법도 있다.

일의 결과로 쌓은 인맥이 진짜 인맥

인생은 '내가 어떤 책을 읽었느냐'와 '내 주변에 어떤 사람이 있느냐'에 따라 달라진다고 한다. 이렇든 인맥은 우리의 인생을 결정짓는 중요한 요소이다. 사람이 사람에게 미칠 수 있는 영향력은 실로 엄청나기 때문이다. 물론 조직 생활을 하는 데 있어서도 인맥은 매우 중요한 부분이다. 특히 일을 풀어나갈 때 일단 인간관계가 형성되고 나면 일도 쉽게 풀리기 때문이다. 모르는 사람과 일하는 것과 아는 사람과 일하는 것은 천지 차이이다. 그렇기 때문에 사람들은 미리미리 자신에게 필요한 사람들과 친하게 지내려는 노력을 한다.

그런데 정말 인맥이 좋은 사람들은 어떤 일이 되도록 하기 위해서 미리미리 인맥을 늘려 놓으려고 애쓰지 않는다. 그것보다는 일을 한 결과로 인해 인간관계를 발전시키고 인맥을 쌓아간다. 그것이 훨씬 탄탄한 관계를 가져갈 수 있다는 것을 알기 때문이다.

인간관계는 테크닉이 아니라 관심에서부터 시작

'나는 빽이 없어서 인맥 쌓기도 어렵다' 혹은 '숫기가 없어서 사람들을 잘 못 사귄다' 혹은 '일만 잘하면 됐지 사람한테 신경 쓰기 피곤하다' 등, 우리 주변에는 이런 말을 하는 사람들도 있다. 이런 사람들은 별로 성공하고 싶은 마음이 없는 사람들이다. 성공한 사람들은 말한다. 제아무리 유능하고 뛰어난 사람이더라도 혼자서는 성공할 수 없다고. 주변 사람들의 지원 사격이 꼭 필요하다고. 그래서 주변 사람, 가까운 옆 사람부터 끌어안는 것부터 시작하라고. 우리는 자주 가까이 있는 것에 대한 값어치를 잘 느끼지 못한다. 지혜를 발휘하는 사람들은 가까운 곳, 가까운 사람부터 시작한다.

인간관계에서는 테크닉이나 꼼수가 안 통한다. 사람들은 바보가 아니다. 그래서 사람들은 누군가가 필요에 의해 자신과 친해지려고 하면 부담스러워 한다. 자신을 목적이나 도구로 여기는 사람에게는 마음을 열지 않는다. 이용당하고 싶지 않기 때문이다. 단단한 인간관계를 시작하려면 내가 먼저 다른 사람을 좋아하는 수밖에 없다. 먼저 마음을 열어야 한다. 진정성을 가지고 한 사람 한 사람을 소중하게 대해야 그 사람과의 관계를 오래 유지할 수 있다. 타인에 대해 관심을 갖다보면 그 사람들을 관찰하게 되고 알아가게 되고 그러면 좋아하게 되는 것이다. 사람들은 훌륭하고 유능한 사람보다는 자신을 진심으로 좋아하고 아껴주는 사람을 곁에 두고 싶어 한다.

작은 노력으로 사람의 마음을 얻는
사람들의 공통점

1. 상사의 결혼기념일이나 생일을 챙긴다.

2. 현재 직장 상사는 물론이고 전 직장 상사에게도 간단한 선물을 한다.

3. 손글씨로 크리스마스 카드나 연하장을 보낸다.

4. 동료들의 자녀들 이름을 기억하고 종종 안부를 묻는다.

5. 승진이나 영전한 사람 혹은 상을 당한 사람에게는 이왕이면 빨리 난이나 조화를 배달시킨다.

6. 임원이 부하들의 경조사에 참석할 경우 식이 시작하기 전에 도착해서 끝까지 자리를 지킨다. 바쁜 임원일수록 효과 백 배.

7. 직원들의 취미 생활을 기억했다가 종종 활동을 물어본다.

8. 동료였으나 백수가 되어 무료한 시간을 보내고 있는 사람에게 먼저 연락하거나 식사에 초대한다.

현장 인터뷰 3

상사를 Manage할 수 있어야 직장 생활의 고비도 넘길 수 있죠

김선희 (공간건축 인적자원부 팀장)

비서에서 인사전문가로 변신해 마음지도를 읽을 줄 아는 소통의 달인

사회생활 17년차인 김선희 팀장은 건축설계회사로 알려져 있는 공간건축 그룹의 500명 직원들에게는 맏언니 같은 사람이다. 그녀는 출근 시간을 기준 시간보다 1~2시간 일찍 시작하는 습관을 지키는 것을 자존심으로 생각하는 근성 있는 여성 관리자이다. 7년 동안 했던 비서 일을 그만두고 지금의 회사로 옮기면서 그 경력을 인정받지 못하고 인사 업무를 시작했다. 하지만 10년이 지난 지금은 직원들 하나하나의 마음지도를 읽을 줄 아는 소통의 달인이다.

인사팀장이 제시하는 직장인의 경력 관리에 관한 조언 그리고 잘 맞지 않는 상사를 내 편으로 만들고 신임을 얻어내는 방법 등. 평소 직장인들이 인사팀장에게 듣고 싶었던 얘기를 그녀의 목소리를 통해 들을 수 있었다.

Q1. 당신의 주요 업무와 전문 분야는 무엇입니까?

7년 동안 비서 업무를 했고 10년 동안 인사, 교육, 총무 등 전반적인 관리 업무를 담당했습니다. 그중에서도 인사 업무를 주요 업무로 맡고 있습니다.

Q2. 직장 생활을 하면서 가장 보람을 느꼈던 일,
성취감을 느꼈던 일은 무엇입니까?

사람들은 저마다 가지고 있는 자신들의 개성이나 잠재된 역량을 가지고 있는데 그것을 스스로 모르는 경우가 있습니다. 지금 근무하는 회사에서는 10년 가까이 이런 직원들을 지켜보면서 회사 내부에서 스스로의 진로를 찾고 뛰어난 인재로 인정받도록 방향을 제시해주는 역할을 하면서 가장 보람을 느낍니다. 설사 기술적인 지식이나 능력이 좀 부족한 직원이라도 리더가 어떻게 끌어주고 잡아주느냐에 따라 달라지고 성장하는 모습을 지켜보면서 흐뭇함을 느낍니다. 지금까지 여러 케이스들을 시도해보고 좋은 결과를 경험해서 이제는 능력이 조금 부족하더라도 기본적인 자세와 열정이 있는 직원이라면 제몫을 해내는 직원으로 성장시킬 수 있다는 자신감을 얻게 되었습니다. 리더가 얼마나 자신감을 가지고 끌어주고 인정해주느냐에 따라 직원들이 얼마든지 변할 수 있다고 생각하기에 제 자신의 업무에 소홀하지 않으려고 노력합니다.

Q3. 지금까지 직장 생활을 해오시면서 최대의 위기는 무엇이었으며 그것을 어떻게 극복하셨나요?

직장 생활 최대의 위기라 하면 물론 상사와의 문제가 가장 많을 것입니다. 저 또한 상사의 업무 스타일과 맞지 않아 퇴사도 생각했던 적이 있습니다. 인사팀장이지만 직원들과의 관계가 좋지 않고 어렵고 복잡한 일은 회피하는 그런 상사 아래서 근무한다는 것이 창피할 때, 타부서 임원들에게 인사팀 고유의 의사 결정을 빼앗기는 것을 보았을 때, 이 업무와 회사에 대한 회의감이 많이 느껴졌지요. 그러나 그러한 점들 때문에 나 자신이 포기하기엔 억울하다는 생각이 들었습니다. 그래서 그럴수록 상사가 할 수 있는 일을 먼저 만들어주어 그가 스스로 제게 권한 위임을 한 것과 같은 상황을 만들어갔습니다. 상사가 성격상 못하는 일을 아래 직원이 먼저 풀어주고 담당이 되어버리자 상사도 저를 편하게, 그리고 없어서는 안 될 부하직원으로 여겼습니다. 저의 경우는 이렇게 윗사람을 manage하는 방법을 스스로 깨우치고 배워나가면서 당시의 어려움을 극복했습니다.

Q4. 인사 업무를 하시면서 갖게 된 업무 원칙이나 철학을 소개해주시겠어요?

첫째는 '소통'입니다. 소통을 하기 위해선 직원 개개인(상대방)에게 관심이 있어야 합니다. 사소한 점이라도 기억하고 마음 속 깊은 대화를 이끌어낼 수 있어야 하기 때문입니다. 그 일환으로 술자리에는 빠지지 않고 가서 가장 늦게까지 남아 있는 편입니다. 물론 술을 좋아하기도 하지만, 이를 통해서 솔직한 대화가 가능하고 인간적인 친밀함이 생기기 때문입니다. 또 하루일과 중 오전은 모두 회의로 보내게 되지만 점심식사부터 또는 그 시간 이후부터는 늘 직원 두 명 이상과 대화하는 스케줄이 잡혀 있습니다. 간혹 최근 근황이 궁금한 직원을 제가 먼저 찾아가기도 하지만 대부분은 직원들이 스스로 찾아와서 어려움을 토로하거나 궁금한 것을 묻기도 합니다. 대화의 내용은 아주 다양합니다. 물론 회사일이 대부분이기도 하지만 개인적인 일도 많은 부분을 차지하고 있습니다. 이제는 회사 내에서 큰언니로서 직원들을 다독이거나 혹은 냉정하게 충고해줄 수 있도록 자리매김하였다고 생각합니다. 또한 이러한 소통에서 출발해서 발전하는 관계 형성은 제 업무에서 없어서는 안 될 가장 중요한 일입니다.

둘째는 삼시(三視)의 마음을 갖는 것입니다. 대학원에서 MBA석사 과정 중에 어느 교수님의 말씀을 듣고 그때부터 제 업무에서도 결코 없어서는 안 될 철학이 되어버렸습니다. 넓게 보는 시야(視野)를 가지고 객관적인 시각(視角)으로 적절한 시선(視線)의 폭을 넓혀야 한다는 의미입니다. 인사 업무를 잘하려면 사람의 마음을 다루고 사람의 마음을 다스릴 수 있어야 하기 때문이죠.

셋째는 감각과 통찰력을 잃지 않는 것입니다. 인사 업무에도 유행이 있습니다. 어느 기업에서 도입한 제도나 시스템이 타 기업에 전파되고 그것이 하나의 지표가 되기도 합니다. 이러한 감각을 잃지 않기 위해서 책 독서는 필수라고 생각합니다. 제아무리 좋은 시스템도 우리 회사와 맞지 않는 것이 있기 때문에 이를 우리에게 딱 맞는 옷이 되도록 새롭게 만들어야 하며, 한쪽으로만 편중되지 않고 전체를 보고 판단하는 통찰력도 매우 필요한 자질이기에 이를 위해 여러 필독서를 읽는 일은 주말을 이용해서 실천하고 있습니다.

Q5. 직장인들이 상사에게 신뢰를 얻고 좋은 관계를 유지할 수 있는
방법은 어떤 것이 있다고 보시나요?

가장 기본적인 방법은 상사가 불편하지 않도록 돕는 것이고 상사
의 부족한 부분을 채워주는 것이라 생각합니다. 상사도 만능은 아닙니
다. 단점도 있고 업무 처리에 어려워하는 부분도 있을 수 있습니다. 그 부
족한 부분을 헐뜯거나 허점으로 잡는 것이 아니라 부하인 내가 채워줄
수 있다면 그 관계는 자연스럽게 신뢰와 믿음이 자라난다고 생각합니다.

이렇게 하면 자칫 동료들에게는 정치(?)를 잘해서 상사에게 귀여움
받는 능력 없는 사람으로 보일 수도 있겠지만 업무는 결과로 보여줌으로써
무수한 억측을 잠재울 수 있습니다. 아울러 작은 일이라도 최선을 다하고
효과적으로 처리하는 방법을 아는 직장인이라면 어느 상사에게나 인정받
는 직원이 될 것이라 생각합니다. 부담스럽고 힘들 수도 있지만 상사의 모
든 면에서 손과 발이 되고 한 걸음 더 나아가 상사의 시각으로 업무 처리를
할 수 있다면 가장 이상적인 상사와 부하의 관계가 되지 않을까 싶습니다.

Q6. 인사팀장님의 입장에서 후배 직장인들에게
경력 관리에 대한 조언을 부탁드립니다.

직장 생활을 하는 사람이라면 조직 내에서 아무도 알아주지 않아
도 사소한 일에서부터 꾸준히 하는 자세, 대가가 주어지지 않아도 자신이
하는 일에서는 자신이 가장 전문가라고 생각하고 재미있게 일하는 자세
가 기본이라고 생각합니다.

나이 서른, 아이 엄마로서 두 번째 직장으로 선택한 이 회사에 입
사할 당시 저는 7년간의 비서 경력은 뒤로 접고 사원부터 다시 시작했습

니다. 당시 제게 주어진 일은 사회초년생들이나 하는 아주 작은 일이라 해도 과언이 아니었지요. 당시는 100여 명의 작은 규모에서 일반 직원들에게 소모품을 나눠주고 단순한 문서 작성 등을 하는 일이었지만 그 일 자체를 즐기려 했습니다. 그리고 마주하는 직원들이 조금이라도 기분이 좋아져서 업무에 집중할 수 있도록 도와주고 싶은 욕심과 열정이 있었습니다. 당시 제가 하는 일은 눈에 띄는 일도 아니었고 비중 있는 역할도 아니었습니다. 하지만 저는 눈에 보이지 않는 많은 가치들을 내 것으로 만들려고 시도했습니다. 그래서 조직이 내게 원하는 게 무엇인지를 찾기 시작했습니다. 그후엔 자연스럽게 다음 목표가 생기기 시작했습니다. 물론 입사 초 몇 년 동안은 회사가 나를 알아주지 않는 것 같아 서운한 마음도 들었습니다. 그럴수록 저는 누군가는 해야 할 일을 하고 있었고 그 일들을 효율적인 방식으로 개선하려고 애를 써서 제 자리를 제가 아니면 안 될 자리로 만들어 나갔습니다.

사회생활을 하는 사람이라면 누구나 한 번 이상은 이력서를 작성하게 될 것입니다. 이력서는 내 자신의 얼굴이며 성격이자 노력의 결과입니다. 제게 경력 관리를 잘 하는 방법에 대해 물으시는 분들이 많은데 저는 그럴 때 이렇게 대답합니다. 인사담당자의 입장에서는 채용을 할 때 한 직장을 오래 다니는 직장인을 선호합니다. 한 직장에 오래 다니기 위해서는 자신이 '좋아하는 일' 보다는 '그 조직이 내게 원하는 일'에 우선순위를 두어야 한다고 생각합니다. 그러면 여러분이 몸담고 있는 회사 내에서의 경력 관리는 자연스럽게 된다고 생각합니다. 더 나은 미래를 원한다면 꾸준하고 효율적인 자기계발의 노력이 업무와 병행되어야 할 것입니다. 시간은 만들기 나름이기 때문에 일이 바빠서 자기계발의 시간이 없다는 것은 핑계가 되지 못합니다. 나이와 경력에 비해 빈칸이 많은 이력서에 대해서는 어느 누구도 바빠서 그랬을 것이라고 이해해주지 않으니까요.

3장

자기 관리, 성공의 지름길

하찮은 직장인으로 남을 것인가

하찮은 일은 없다. 하찮은 직장인만 있을 뿐이다.
일 잘하는 사람은 남들이 마다하는 작은 일을 할 때
그 진가가 드러난다. 진정한 능력이란 당신이 일하는 곳에서
당신을 없어서는 안 될 존재로 만드는 힘이다. 맡겨진 일을
하는 건 고역이지만 도전하는 일은 기회이기 때문이다. 일을
잘했을 때 주어지는 가장 좋은 보상은 다음에 좀 더 비중
있는 일을 할 기회를 얻는 것이다. 평범한 일을 비범하게
해내는 능력. 그게 바로 프로페셔널이다.

17

기회는 내가 쟁취하는 것이 아니라 남이 주는 것이다

⋮

연말이 되면 기업마다 한해를 결산하는 의미에서 협력업체들을 초대해서 송년회를 개최한다. 몇 년 전, 한 대기업의 임원이 출장을 가서 유럽 여러 나라들에 흩어져 있는 협력업체들을 한 자리에 초대했다고 한다. 한해를 마감하며 송년회를 겸한 이 자리에서는 협력업체의 사기 진작을 도모하고 내년에도 잘해보자며 의기투합을 다짐했다고 한다.

이날 자그마한 체구의 한 동양 남자가 또박또박 천천히 발음하는 영어로 단상에서 연설을 마쳤을 때, 행사장에 있었던 수백 명의 참석자들은 자리에서 일어나 전원 뜨거운 박수를 쳤다고 한다. 이 임원에게서 받은 감동을 박수로 오랫동안 화답한 것이었다. 과연 어떤 얘기를 했기에 모두에게 그렇게 지지를 받은 것일까?

"……(중략) 나는 내가 열심히 노력해서 지금의 회사에 입사했다고 생각했습니다. 그리고 아내와 연애를 할 때도 내가 그녀의 마음을 사로잡아서 결혼했다고 생각했습니다. 회사에서도 내가 열심히 노력했기 때문에 지금의 이 자리까지 오를 수 있었다고 생각했습니다. 그리고 우리 회사 제품이 좋기 때문에 여러분과 같은 협력업체들이 우리 회사와 일하려고 기를 쓰는 건 당연하다고 여겼습니다. 다시 말해, 내가 노력해서 무언가를 얻고 나와 우리 회사가 그럴 만한 자격과 능력을 가졌기 때문에 지금이 있다고 생각했습니다.

하지만 어느 순간 그게 아니라는 것을 깨달았습니다. 입사를 한 것도 내 노력이 뛰어났다기보다는 회사에서 나를 뽑아주었기에 가능했고 결혼도 내가 그녀를 선택했다기보다는 그녀가 나의 선택을 받아주었기 때문에 가능했다는 걸 알게 되었습니다. 또한 내 능력이 뛰어나서라기보다는 상사와 회사가 나에게 먼저 기회를 줬기 때문에 내가 좋은 성과를 내고 승진할 수 있었던 것이지요. 지나고 나서 보니, 모든 일은 내가 잘나서가 아니라 남들이 먼저 나에게 기회를 주고 나를 선택해주었기 때문에 가능했던 일이라는 것을 알게 되었습니다.

여러분도 알다시피, 우리 회사 제품은 세계 최고의 수준이라고 자타가 공인합니다. 그래서 세계 어느 곳을 가도 우리 회사의 광고가 보이고 세계인들은 우리 회사를 알고 우리 제품을 사랑합니다. 물론 글로벌 기업들과 치열하게 경쟁하면서 피가 마르기도 하지만 해외에 나올 때마다 우리 제품에 대한 세계인들의 사랑을 확인할 때면 나는 뿌듯함으로 몸에 전율을 느낍니다.

예전에는 우리 회사가 잘 나가기 때문에 협력업체들이 우리 회사에 납품하고 우리 회사 때문에 여러분 회사도 덩달아 잘 된다고 생각했습니다. 하지만 이제는 그렇게 생각하지 않습니다. 여러분과 같은 유망한 협력업체들이 우리 회사를 선택해주었기 때문에 그리고 여러분 회사의 훌륭한 제품들을 우리 회사에 납품해주었기 때문에 우리 회사가 지금의 이 자리까지 오르게 되었다고 생각합니다. 여러분이 없었다면 오늘날 우리 회사의 위상은 달라졌을지도 모릅니다. 우리 회사가 지금까지 이렇게 성장할 수 있었던 것은 바로 여러분 덕임에 틀림이 없습니다. 여러분이 있었기에 지금의 우리가 가능했다고 생각합니다. 우리 회사의 발전을 위해 그동안 보내준 여러분의 애정과 노력에 다시 한 번 감사드립니다."

빨리 가려면 혼자 가고 멀리 가려면 함께 가라

사람들은 잘된 일은 내 탓이고 잘 안 된 일은 남 탓을 하는 경향이 있다. 즉, 내가 노력하고 내가 능력이 있고 내가 잘해서 좋은 결과를 얻었다고 생각한다. 반면, 일이 잘 안 될 때는 상사가 무능해서, 회사가 지원을 안 해줘서, 집안 형편이 안 좋아서, 빽이 없어서 등과 같은 이유를 외부에서 찾는다.

하지만 고수들은 그렇지 않다. 오히려 반대다. 잘된 일은 남의 덕으로 생각한다. 그래서 자신의 주어진 환경에 그리고 주변 사람들에 감사하는 마음을 갖는다. 그리고 자신이 만나는 한 사람 한 사람에게 최선을 다한다. 누가 언제 나에게 어떤 기회를 줄지 모르기 때문이다. 무엇인가를 어렵게 얻어본 사람은 안다. 어렵고 귀하게 얻은 것일수록 소중하게 대해야 한다는 것을. 사소한 것에도 감사하게 된다는 것을. 이런 감사하는 마음가짐은 긍정적인 결과를 가져오는 마법의 주문이 된다는 것을.

인디언 속담 중에 '빨리 가려면 혼자 가고 멀리 가려면 사람들과 함께 가라'는 말이 있다. 사람들은 나 혼자 잘났다고 하는 독불장군 옆에는 아무도 서려고 하지 않는다. 승리도 성공도 함께 나눠야 한다. 그래야 오래 가고 커지기 때문이다.

18

CEO도
웃는 연습을 한다

:

국내 대기업에서 말단부터 시작해 별 중의 별인 CEO의 자리까지 오른 마준수 사장. 그는 무려 30년 가량이나 한 회사에서만 근무한 장수형 직장인이었다. 그리고 장수형 CEO이기도 했다. 그래서 그가 회사를 떠날 때 퇴직금의 액수가 너무 상당해서 그 회사에서는 퇴직금 정산 체계를 바꾸어버렸다는 우스갯소리가 있을 정도였다.

장수형 직장인들을 보면 '조직 생활의 달인'이라고 해도 과언이 아니다. 그들이 통련하는 공통점은 업무 능력이 좋은 것은 물론 원만한 대인관계에 있다. 마준수 사장의 경우는 30년 동안이나 같은 조직에서 일했으니 적을 만들지 않으면서 조직이 자신을 따라오게 하는 노하우에 대해서는 일가견이 있는 사람이었다. 이를 가능하게 한 비결은 바로 그의 '미소'에 있었다.

마 사장은 자연스럽게 눈 웃음이 지어지는 환한 얼굴의 소유자이다. 그 미소로 인해 온화한 인상을 가진 사람이다. 프로 직장인에게는 자신의 얼굴과 표정도 관리 대상이 된다. 늘 미소를 띠고 있는 그와 대화를 하는 사람이라면 공통적으로 느끼는 것이 있다. 마 사장은 자신과 말하는 사람의 얘기를 충분히 이해해주고 상대방 위주로 대화가 풀려나가고 있다는 느낌을 가지게 해준다. 그러나 유심히 관찰해보면, 그의 얼굴은 웃고 있지만 그의 말에는 늘 영양가 있는 알맹이가 들어 있다. 다시 말해, 지나가듯이 툭툭 뱉어내는 말이거나 혹은 농담 삼아 하는 얘기거나 그의 말 속에는 핵심이 있었다. 따끔한 지적이나 반대 의견, 그리고 신선한 제안도 담겨있다. 하지만 그의 미소는 자신이 뱉어낸 말들이 뿜어내는 강한 기운을 부드럽게 희석시켜주기에 충분하다.

이런 그도 직장 생활 초창기에는 말을 안 하고 있으면 화난 사람 같다는 말을 자주 들었다고 한다. 잘 웃지 않았기 때문이다. 그러니까 그는 태어날 때부터 웃는 얼굴을 하고 있었던 것은 아니었다. 그러다가 사회생활을 한 지 몇 년이 지나고서야 그는 깨달았다고 한다. 말붙이기 까다로운 사람으로 보이는 것은 직장 생활을 하는 데 마이너스라는 것을. 그리고 사회생활에서는 한 사람의 적군이 열 사람의 아군보다 더 무섭다는 것을.

그래서 그는 집에서 거울을 보고 웃는 연습을 했다고 한다. 이렇게도 웃어보고 저렇게도 웃어보고. 마음에 드는 웃는 표정 하나를 발견할 때까지 몇 달간 거울을 친구 삼아 훈련을 했다. 그후 웃는 얼굴로 회사에서 사람들을 대하니 기대 이상의 수확을 얻었다고 했다. 가벼운 대화를 할 때는 물론이고 업무적으로 설득이나 협상을 해야 할 때도 훨씬 수월하게 자신이 원하는 결과를 얻을 수 있었던 것이다. 특히 그는 껄끄러운 사람일수록 더욱 부드럽게 웃으면서 대했다고 한다. 미운 놈에게 떡 하나 더 준다는 심정으로.

웃음을 전파하는 웃음 전도사

여기, 웃음으로 인생이 바뀐 또 다른 사람이 있다. 웃음 전도사로 활동하고 있는 진수 테리 여사는 그 누구보다도 웃음의 중요성을 강조하는 사람이다. 그녀는 의류학 박사과정을 공부하던 중에 세계 일주를 하던 외국인과 결혼하면서 미국으로 이민을 갔다. 미국에서 7년 동안 열심히 일했지만 그녀에게 돌아온 것은 해고통지서였다. 자신의 일에만 몰입한 나머지 동료나 부하들과의 관계가 원만하지 못했던 것이다. 업무 실적은 좋았지만 대인관계는 별로였던 것이 문제였다. 미국 회사에서 요구하는 관리자의 덕목 중 리더십이 부족하다는 이유로 그녀는 해고되었다.

자신의 부족한 점을 충분히 인식한 진수 테리는 누군가를 만나면 일부러라도 웃었고 웃음이 많아지자 사람들과의 관계가 좋아지는 것을 확실하게 느꼈다. 자신이 그렇게 변하고 나니 다른 의류업체에서 부사장 제의를 받아 새로운 회사에서 다시 근무하게 되었다. 지금은 현장에서 일하면서 편 경영의 전도사로서 한국과 미국에서 왕성하게 활동하고 있다. 그녀는 세상 사람들이 웃음의 중요성을 깨닫고 모두 웃고 살기를 바라는 마음에서 기회만 되면 사람들 앞에 선다고 한다.

강한 사람은 미소 짓는다

일반적으로 사람들은 자신 있고 소신과 능력이 있는 이들은 강한 카리스마를 풍긴다는 고정관념이 있다. 이를 테면, 강하고 차고 단단한 느낌을 주는 사람, 좋고 싫은 것을 분명하게 티를 내는 사람. 싸워서 이기고 군림하려고 하는 사람에게 카리스마가 있다고 생각한다. 그러나 요즘과 같은 감성 경영 시대에는 이런 카리스마가 잘 통하지 않는다. 오히려 정말 강한 사람들은 온화하고 안정적인 정서 상태를 유지한다. 그들은 매사에 치열하지만 다급하지 않고 확고하지만 부드럽다. 또한, 화내는 경우도 별로 없다. 왜냐하면 프로의 세계에서는 상대에게 화내고 흥분하는 사람이 게임에서 진다는 것이 암묵적인 법칙이기 때문이다.

우리는 생각한다. 미소는 약한 사람들의 전유물이라고. 하지만 미소의 힘은 기대 이상으로 강하다. 여유로움이라는 자양분 없이는 미소가 피어나기 어렵기 때문이다. 조급한 사람과 여유로운 사람이 맞서면 여유로운 사람이 이기게 되어 있다. 강한 사람은 조급함을 티내지 않는다. 그리고 강한 사람은 화내는 대신 미소를 짓는다.

강하려면 미소 지어야 한다. 억지로라도 거울을 보고 웃는 연습을 해야 한다. 즐겁고 행복해서 웃는 것이 아니라 웃으니까 웃을만한 일이 생기는 것이다. 웃다 보면 속상했던 일도 금세 흘려보내고 불가능하리라 생각했던 일도 잘 풀린다. 당신이 먼저 주변 사람들을 향해 환한 미소를 보내면 주변 사람들도 마음을 열고 당신 편이 되어 주는 경험을 당신은 틀림없이 할 수 있을 것이다.

돈을 잘 쓰는 것도 능력이다

19

상사들은 직원들이 올리는 비용 청구서만 보더라도 이 직원의 스타일을 파악할 수 있다. 푼돈에 연연하는 사람은 일반적으로 이기적이며 업무를 할 때도 스케일이 작고 소심하다는 평가를 받는다. 그리고 회사로부터 받을 돈은 꼼꼼히 챙기면서 동료들에게 밥 한 끼 사는 것을 꺼리는 직원은 주변에 사람이 없다. 그리고 동료들과의 관계도 원만하지 못하다. 반면 돈을 생색나게 쓸 줄 아는 사람은 업무 추진력도 좋고 공격적이다. 또 따르는 사람들도 많다.

작은 기업에서는 감사팀의 역할을 사장이 직접 한다. 고용주들은 회사 비품은 물론 전기세까지 현금이라고 생각한다. 사적인 용건으로 하는 전화나 우편물, 포스트잇이나 볼펜, 일회용 종이컵, 전열기 사용 등 하나하나를 돈으로 본다. 따라서 직원들이 회사 돈을 어떻게 쓰느냐를 보고 회사에 대한 충성도가 어느 정도인지를 가늠

하기도 한다. 회사입장에서는 회사 돈을 아끼고 불필요한 비용이 새나가지 않도록 챙기는 직원을 책임감 있고 성실하다고 여긴다. 그래서 이런 사람들을 책임 있는 자리에 올려놓는다.

반면, 자기 돈으로는 가지 못할 만큼 비싼 곳을 회사 돈으로는 서슴없이 드나드는 직원, 개인적으로 쓴 비용도 회사비용으로 둔갑 시켜 비용을 청구하는 직원, 출장 비용을 다른 사람보다 많이 정산 하는 직원 등은 사회생활을 오래 하기 어렵다. 왜냐하면, 그 사람이 잘나갈 때는 이렇게 써도 별 탈이 없지만 그렇지 않을 때는 약점을 잡히는 빌미가 되기 때문이다.

돈 욕심보다는 일 욕심을 보여야

기본적으로 회사에서는 직원들이 '돈'에 대한 욕심보다 '일'에 대한 욕심이 많기를 바란다. 연봉이나 인센티브, 그밖에 금전적인 보상에 예민한 반응을 보이는 사람들은 조직 생활에서 별로 수명이 길지 않다. 제사보다는 젯밥에 관심이 많아 보이기 때문이다. 따라서 돈 욕심은 밖으로 드러내지 않는 게 좋다.

특히나 재무나 회계 자금 부서에서 근무하는 사람 같은 경우는 돈은 더욱 강조되는 기준이다. 따라서 기업에서는 이쪽 부서 직원 들을 채용할 때는 더욱 까다롭게 신원 조회를 한다. 만일의 사고를 대비해 신원보증인을 세우는 경우도 많다. 이들 부서에서는 꽤 단 위가 큰 회사 자금을 만져야 하기 때문에 평소에도 성실하고 정직하고 반듯한 경제관을 가진 사람으로 보이는 게 업무에도 도움이 된다.

관건은 돈을 많이 쓰는 게 아니라 효율적으로 쓰는 것

업무에서뿐만이 아니라, 동료들과의 인간관계나 리더십에 있어서도 당신의 돈에 대한 철학, 소비 철학이 영향을 미친다. 내가 벌어서 내가 쓰는 돈이므로 내 맘대로 해도 될 것 같지만 그 돈을 어떻게 쓰느냐에 따라 인생도 달라지고 직장 생활에서의 자신의 위상도 달라진다. 여기에서의 핵심은 돈을 많이 쓰는 게 아니라 적절하게 효율적으로 쓰는 것이다.

빚에 쪼들려 사는 사람, 지나치게 절약하는 사람, 경조사 금액에 인색한 사람, 공짜 좋아하는 사람, 늘 더치페이하자고 하는 사람, 상사에게는 늘 얻어먹는 게 당연하다고 생각하는 사람. 이들 주변에는 사람이 없다. 모름지기 곳간에서 인심 나는 법이다. 내 편을 만들고 싶은 사람이 있으면 먼저 베푸는 게 가장 쉬운 방법이다.

재미있는 것은, 상사가 회식 비용을 법인카드로 결제할 때와 개인 카드로 결제할 때에 따라 부하들의 충성도가 달라진다는 점이다. 부하의 입장에서 보면, 상사가 사비를 털어서 자신에게 술을 사준다는 것은 사무적인 관계를 넘어 인간적인 관계로 여긴다는 신호이므로 상사를 더욱 친밀하게 느끼고 따르기 때문이다.

20

아프지 않는 것도
능력이다

:

자기 관리를 하는 데 있어서 사람들이 간과하는 것 중에 하나가 바로 건강이다. 사회생활에서 성공하려면 능력만큼이나 중요한 것이 체력이다. 아무리 인정받고 유능한 사람이라고 하더라도 건강이 받쳐주지 못하면 직장 생활을 오래 할 수가 없다. 이는 너무나 당연하고 기본적인 사실임에도 사람들은 자주 잊고 사는 것 같다. 설사 안다고 해도 실천은 잘하지 못하는 경향이 있다.

건강을 잃었다는 건 전부를 잃었다는 것과 같은 말

실제로, 감기 치료 받으러 병원에 간 지 3주 만에 싸늘한 시신으로 돌아온 동료가 있었다. 일 욕심이 많아 늘 야근을 밥 먹듯이 하던 30대 중반의 직원이었다. 목감기 때문에 한참을 고생하다가 동네 병원에 갔는데 의사는 그에게 큰 병원으로 가보라고 했다. 곧바로 종합병원에 진료를 받으러 간 그는 병원에 입원했다. 정밀검사를 하기 위해 조직검사를 해야 하는데 몸의 상태가 안 좋으니 일단 입원부터 하라는 의사의 지시가 있었기 때문이었다. 그 이후 동료들에게 병원으로 노트북을 가져다달라는 부탁을 한 지 며칠 되지 않아 결국 그는 뇌종양 판정을 받고 곧 사망했다. 젊은 사람이라 병세도 매우 빠르게 나빠졌던 것이었다. 그의 장례식장에는 며칠 후면 한 돌을 맞게 되는 딸아이를 혼자 키워야 하는 젊은 미망인이 보는 사람의 마음을 아프게 했다.

한편 자신의 집 베란다에서 숨진 지 며칠이 지난 후에야 동료들에 의해 발견된 사람도 있었다. 회사에서 명예퇴직을 종용받아서 스트레스를 많이 받았던 그는 그 당시 자주 과음을 했다고 한다. 사고 당일에도 동료들과 술을 많이 마시고 집에 돌아와서 잠을 자던 중에 심장마비를 일으킨 것이었다. 30대 중반의 미혼이며 체격도 건장했던 그는 그렇게 허망하게 세상을 떠났다.

물론 이런 일들이 흔한 일은 아니다. 돈이나 명예나 직장은 잃었다가도 다시 찾을 수 있지만 건강이나 생명은 그렇지 않다. 특히 생명은 한 번 잃으면 전혀 만회할 기회가 없기 때문에 아무리 강조해도 지나치지 않다.

사망까지는 아니더라도 자신이나 가족의 건강 때문에 직장 생활을 할 수 없었던 경우도 있다. 암투병 중인 아내를 병간호하기 위해 회사를 그만두고 꼬박 1년 동안 병상을 지켰으나 결국 아내를 저 세상으로 보내야만 했던 40대의 헌신적인 가장도 있었다. 또 브레이

크가 고장난 자동차처럼 회사에서 승승장구하며 출세의 고속도로를 질주했으나 몸을 돌보지 않아 큰 수술을 받고 몇 달째 집에서 쉬고 있는 40대 가장도 있었다.

몸의 근육과 마음의 근육을 동시에 늘려야

이와는 대조적으로 직장 생활을 오래하는 사람들 중에는 자신은 물론 가족들의 건강까지도 꼼꼼히 챙기는 사람들이 많다. 평일에 받은 스트레스를 완전히 풀어버리는 방법으로 주말에 등산을 선택한 사람도 있다. 그 주인공은 매주 일요일 아침마다 아이들을 데리고 가까운 청계산을 올랐다가 함께 식사를 하고 집 근처 대형 서점에 아이들을 데리고 가서 책을 읽고 돌아오기를 8년째 하고 있는 사람이다. 이렇게 가족들의 몸과 마음을 돌보는 부지런한 가장도 있다. 또 매주 토요일은 새벽부터 한강변에 나가 홀로 자전거를 타고 집 근처 수영장에서 뭉친 근육을 풀어주면서 머릿속의 긴장감도 푼다는 40대의 가장도 있다.

또 스트레스 때문에 머릿속이 복잡할 때마다 실내 암벽등반을 하러 간다는 40대의 골드미스도 있다. 암벽에 매달려 손가락의 힘으로 온몸을 지탱하는 동안에는 오로지 '떨어지면 죽는다'라는 생각 외에는 아무 생각도 안 나서 가뿐해진 몸과 머리로 돌아올 수 있기 때문이라고 한다.

이들은 공통적으로 운동으로 긴장감과 스트레스를 관리하면서 오랜 시간동안 반복적으로 실행한 사람들이다. 자기 관리를 잘하는 사람들을 보면 정기적으로 운동한다. 운동은 몸만 튼튼하게 해주는 것이 아니라 정신도 건강하게 만들어주기 때문이다. 그들은 몸의 근육을 키우면서 마음의 근육도 동시에 키우는 사람들이다.

아프면 소모품은 폐기처분되기 쉽다

직장인은 아프지 말아야 한다. 일단 당신이 아프면 동료나 상사에게 피해를 주게 된다. 당신이 해야 할 일을 다른 사람이 해야 하거나 아니면 내 몸 상태가 좋아질 때까지 일을 미루는 게 불가피하기 때문이다. 이렇게 되면 회사에도 피해를 주는 것이다. 아무리 유능하다고 해도 회사에서는 피해를 주는 직원을 좋아할 리가 없다. 조직은 냉정하다. 회사의 입장에서 보면 월급쟁이는 소모품이다. 소모품은 제 구실을 못하면 언제 어느 때든 폐기처분되거나 교체되는 것이 운명이다. 그러므로 아프면 경쟁에서 지는 것뿐만이 아니라 전부를 잃는다는 것을 잊지 말아야 한다.

21

사소한 것에
목숨 건다

:

우리는 성공한 사람들의 면(面)을 본다. 그런데 면이 만들어지려면 무수히 많은 점(点)들이 모여야 한다. 성공한 사람들은 성공이라는 면을 만들기 위해 성공의 요소가 되는 점들을 하나하나 정성껏 찍어낸다. 즉, 성공이라는 결과물을 만들어내기 위한 그 진행 과정을 쪼개고 쪼개서 공을 들이고 철저하게 준비하는 것이다. 일을 진행하는 과정 중에서 점 하나하나를 찍을 때마다 최선을 다한다. 점을 듬성듬성 찍어서는 면이 될 수 없기 때문이다.

세계적인 디자이너 앙드레 김은 '디테일의 대가'로 정평이 나 있다. 특히 패션쇼를 준비할 때마다 모든 것을 직접 챙기는데 꼼꼼하기가 이를 데 없다고 한다. 자신의 작품을 입는 모델들의 머리끝부터 발끝까지 챙기는 것은 기본이다. 모델들이 의상과 어울리는 헤어스타일이나 화장을 했는지도 일일이 점검한다. 뿐만 아니라, 그들의 당일 컨디션도 세심하게 살핀다. 심지어 그는 모델들이 먹을

식사까지 신경을 쓴다고 한다. 그들이 끼니를 놓치지 않도록 식사 시간을 안배하기도 하고 옷태를 살리면서도 소화에 부담이 가지 않을 메뉴를 선정할 정도로 사소한 부분까지 신경을 쓴다고 한다. 패션 디자이너가 자신의 작품을 위해 모델들의 위장 상태까지 감안한다는 것을 누가 생각이나 할 수 있었을까?

한편, 사자는 작은 토끼를 한 마리 잡는 데도 죽기 살기로 뛰어다닌다고 한다. 우리는 사자가 토끼 한 마리쯤 잡는 것은 일도 아니라고 생각한다. 그러나 실제로는 그렇지 않다고 한다. 사자는 토끼를 잡을 때도 자신이 낼 수 있는 힘의 100%를 쓴다. 토끼 잡는 일을 우습게 생각하고 대충 했다가는 사자도 토끼를 놓쳐서 체면을 구기는 일이 생길 수 있다는 것을 알기 때문이다. 제아무리 사자라고 하더라도 사소한 것에 최선을 다하지 않으면 도태된다는 것을 알고 있는 것이다.

디테일을 모르면 결과는 뻔하다

일 잘하는 사람들은 일반적으로 사람들에게 꼼꼼하다는 얘기를 자주 듣는다. '뭐 저런 것까지 따지나?' '그런 부분까지 누가 알아보는 사람이 있다고 신경을 쓰나?' 하는 의문이 생길 정도로 아주 세부적인 상황까지 미리 생각을 해둔다. 다른 사람들이 보기에는 오버한다 싶을 정도로 사소한 것에 최선을 다한다.

디테일에 약하면 결과는 뻔하다. 아주 작은 성공이 모이고 모여 큰 성공이 되는 것이다. 성공이란 어느 날 하늘에서 툭 떨어지지 않는다. 한 쾌에 혹은 한 삽에 대박이 나는 요행은 영화나 드라마에서는 일어날지 몰라도 현실에서는 거의 일어나지 않는다.

하찮은 일은 없다 하찮은 직장인이 있을 뿐이다

22

:

한 회사에 인턴사원으로 입사했던 강수정 씨. 사회 생활 초년병인 그녀에게 제일 처음 맡겨진 일은 누구나 짐작할 수 있듯이 '복사'였다.

나중에야 듣게 된 얘기지만, 그녀의 부장은 그녀가 복사를 해 오는 것만 보고서도 대번에 그녀를 정직원으로 점찍었다고 한다. 부장이 보기에는 그녀에게서 일을 잘할 '싹수'가 보였던 것이었다. 왜냐하면 복사 같은 하찮은 일을 시켜도 그녀는 다른 사람과 달랐기 때문이었다. 복사처럼 단순한 일도 기계적으로 처리하지 않고 생각을 하면서 일을 했기 때문이다. 예를 들면, 복사를 하고 원본과 사본을 비교해봐서 원본의 페이지 순서가 바뀌었으면 제대로 순서를 고쳐 해오고 혹은 원본이 접혀 있거나 파손된 부분은 체크해놓았다가 부장님께 말씀드려 다시 지시를 받았다.

한번은 그녀가 속한 부서에서 다음날 아침에 중요한 거래처 담당자들과의 회의가 잡혀 있었다. 그래서 그녀에게는 참석자 수만큼의 회의 자료를 준비해놓으라는 지시가 떨어졌다. 자료의 분량도 많고 참석자도 많아서 회의 자료를 준비하는 데 꽤 많은 시간이 걸리는 작업이었다. 그녀는 자료를 복사해서 회의실에 미리 준비를 해 놓았고 퇴근하기 전에 잘 세팅이 되어 있는지 일일이 다시 확인을 하다가 눈에 거슬리는 것을 발견했다. 복사기의 토너가 이상이 있는지 복사물의 페이지마다 농도가 일정치 않아 읽는 데는 별 문제가 없었지만 깔끔해 보이지 않았던 것이다. 회사 외부 손님들과의 미팅이다 보니 자신이 한 일이 회사의 이미지에 영향을 줄 수 있다고 생각한 그녀는 어떻게 하는 게 좋을지 잠시 망설였다. 결국 다른 층에 있는 성능이 좋은 복사기에 가서 다시 복사를 했다. 뒤늦게 발견한 것이라 퇴근 시간이 훌쩍 지났는데도 그녀는 복사기 옆에서 열심히 종종 걸음을 치고 있었던 것이다. 퇴근길에 이 모습을 지켜보던 부장은 흐뭇한 미소를 지으면 발걸음을 옮겼다.

누가 지적하지도 않았는데 자발적으로 자신이 한 일의 의의와 본질을 따져보고 더 나은 결과를 얻기 위해 스스로 결정하고 실행하는 모습을 보인 그녀. 그녀를 예쁘게 보지 않는 상사가 있을까? 그녀는 인턴 기간이 끝난 후 치열한 경쟁을 뚫고 정직원이 되었다. 그리고 그 이후로도 꼼꼼하고 야무진 일솜씨로 재무부서에서 '과장 같은 대리'로 근무하고 있다.

복사하는 것만 봐도
성공의 싹수를 알아볼 수 있다

　대부분의 인턴사원들이나 신입사원들은 복사나 커피 심부름을 시키면 '내가 이런 일이나 하려고 힘들게 회사 들어왔나?'라는 생각을 하며 마지못해 하는 경우가 많다. 무언가 폼이 나고 그럴듯한 일이 주어진다면 잘해낼 자신과 의욕이 있지만 이런 하찮은 일은 오히려 일할 의욕을 저하시킨다고 생각한다.

　하지만 윗사람들은 그 사람이 복사를 해오는 것만 가지고도 그 사람의 업무 스타일부터 시작해서 회사 생활을 얼마나 오래할 수 있는지도 가늠할 수 있다. 왜냐하면, 아래 직원이 사소하고 하찮은 일도 말끔하게 처리를 못하면 상사는 그 직원에게 중대한 일을 시킬 생각을 아예 하지 않기 때문이다. 신입사원에게 처음부터 근사한 프로젝트를 맡기는 상사는 지구상에 없다. 마치 아무리 초등학생이 산수를 잘한다고 해도 고등학교 때 푸는 수학의 정석 문제를 던져주는 선생님이 없는 것과 마찬가지다. 일에도 단계가 있는 법이기 때문이다.

　주어진 작은 일을 잘해내다 보면 상사에게 신뢰를 얻고 조금 큰 일을 얻어내고 또 그 일을 잘해내고 이런 식으로 반복해서 계단 오르기를 해야 한다. 야무진 사람들은 일 욕심이 나도 한꺼번에 일을 여러 개 진행하는 것보다는 조금 버거운 듯한 일에 집중적으로 매달려 좋은 결과를 내려고 한다. 이것이 실력을 빨리 향상시키는 지름

길이라는 것을 알기 때문이다. 또한 내가 일의 주체라고 생각하는 근성도 가지고 있다. 그래서 일이 주어지면 일단 주도적이고 능동적으로 일의 방향을 잡은 후에 상사와 의견을 조율한다. 그리고 어려움이 생기더라도 책임감 있게 끝까지 물고 늘어져 해결해내고야 말겠다는 악바리 정신의 소유자들이기도 하다.

평범한 일을 비범하게 처리하는 사람이 진정한 프로

TV 프로그램 중에 <생활의 달인>이라는 것이 있다. 여기에 소개되는 사람들은 공통점이 있다. 그들이 하는 일은 그렇게 고난위도의 능력을 필요로 하지는 않는다. 누가 봐도 누구나 다 할 수 있는 일을 해낸다. 그런 하찮은 일을 그들은 비범하게 처리해낸다. 다른 사람보다도 훨씬 생산성이 높고 정확하며 효율적이다. 군더더기 없고 매끈한 솜씨로 일을 한다. '빨리 처리하려면 어떻게 해야 하나?'를 생각하면서 일을 하기 때문에 작업에 가속이 붙는 것이다. 한 가지 일에 대해 노하우를 터득한 사람은 다른 일을 맡겨도 잘해낼 가능성이 높다.

하찮은 일은 없다. 하찮은 직장인만 있을 뿐이다. 일 잘하는 사람은 남들이 마다하는 작은 일을 할 때 그 진가가 드러난다. 진정한 능력이란 당신이 일하는 곳에서 당신을 없어서는 안 될 존재로 만드는 힘이다. 맡겨진 일을 하는 건 고역이지만 도전하는 일은 기회이기 때문이다. 일을 잘했을 때 주어지는 가장 좋은 보상은 다음에 좀

더 비중 있는 일을 할 기회를 얻는 것이다.

평범한 일을 비범하게 해내는 능력. 그게 바로 프로페셔널이다. 전문직이거나 어떤 희귀한 자격증 혹은 최첨단의 기술을 보유하고 있다거나 커다란 프로젝트를 성사시켜야만 프로가 되는 건 아니다. 넓은 의미에서의 프로는 자기가 맡은 일에 대해서는 사내 1위, 업계 1위의 실력을 가지고 있고 자신의 일에 대한 당당한 자부심을 가진 사람들이다.

23

질문의 힘을
활용할 줄 안다

:

　　사람들을 많이 만나는 이들은 대화의 시작을 주로 물음표와 함께 시작한다. 이는 친근한 몇 사람을 만나는 사적인 자리이거나 초면의 불특정 다수를 만나는 공식적인 자리이거나 상관없이 마찬가지이다. 타인과의 관계에서 심리적 거리감을 줄이려는 능동적인 노력의 일환으로 사람들은 '질문'을 선호하기 때문이다.

　　한편 질문을 꺼리는 사람들도 있다. 여기에는 두 가지 이유가 있다. 특히 자기보다 높고 강한 사람에게 질문을 한다는 것은 권위에 대한 도전으로 받아들여질까봐 두려워하기 때문일 수도 있다. 혹은 질문을 하면 자신의 허점이 드러나 불리한 위치에 놓을까봐 질문을 안 하기도 한다.

　　하지만 다음에 소개하는 질문의 달인들은 질문의 위력이 어느 정도인지를 보여주고 있다.

질문은 관심의 표현이다

'걸어 다니는 물음표'라는 별명을 가진 송승한 씨. 그는 다양한 분야에 관심이 많은 만큼 호기심도 많아 궁금증도 많다. 보통 사람이라면 그냥 넘어갈 일도 그는 '왜 그렇습니까?'를 입에 달고 사는 버릇이 있다. 그런가 하면, 그는 공개적인 장소에서 질문하는 것을 즐긴다.

특히 전문가가 참석하는 모임이나 외부 교육이나 업계 포럼 등에서는 발표자에게 기회가 될 때마다 늘 공개적으로 질문을 한다. 분명 그는 한 번의 질문으로 알차게 일석삼조를 누릴 수 있는 질문의 힘을 알고 있는 진정한 고수였다. 첫째, 그는 질문을 통해 자신이 궁금해 하는 것에 대한 전문가의 답을 들을 수 있다. 또 운이 좋다면 행사 후에 전문가와 대면해서 좀더 상세한 정보를 얻을 수 있다. 마지막으로 자신의 생각을 공개적으로 말함으로써 참석자와 발표자에게 주목을 받아 자신을 알릴 수 있다. 질문 덕분에 그는 인맥도 넓어졌다. 그래서 외부 행사에 참석할 때면 자신을 알아보고 먼저 인사를 청하는 사람들이 많아지고 있다고 한다.

사내에서도 그는 상사에게 질문이 많은 편이다. 왜냐하면 뭐든 혼자서 똑 부러지는 부하보다는 상사의 의견을 물어서 한수 위인 상사에게 배우겠다는 모습을 보이는 게 훨씬 좋은 관계를 유지할 수 있다는 것을 알기 때문이다. 간혹 상사가 자신의 경험담 및 무용담을 자연스럽게 얘기할 수 있는 유도 질문을 던지기도 한다. 그것이 얼마나 상사를 즐겁게 하는지도 알기 때문이다. 동시에 기대 이상의 도움이 되는 답변을 듣고서 자신의 부족한 면을 보완하는 데에도 활용하고 있다. 그는 질문을 통해 지식의 빈칸과 상사와의 빈칸을 잘 메워가고 있다.

이번에 소개할 사람은 '질문의 귀재'라고 불려도 전혀 무색하지 않은 신원상 상무이다. 그는 일단 대화를 시작하면 한 시간은 기본이다. 휴대폰 통화를 하든 미팅을 하든 마찬가지다. 그래서 그에게 보고를 하러 들어가는 사람은 다른 때보다도 두 배는 열심히 준비한다.

특히 그는 자신의 전문분야가 아닌 미지의 분야에 대해 파악을 해야 할 경우에는 끊임없는 질문이 계속된다. "그건 왜 그렇지? 그럼 그건 또 왜 그래?"를 반복한다. 너무 연달아 질문을 해서 상대는 심문을 받는 느낌까지 들어 종종 당혹스러운 표정을 짓기도 한다. 처음 그와 대화를 해본 사람은 '이 사람이 뭔가 트집 잡으려고 계속 물어보나?'라고 생각해서 당황스러워 하기도 한다. 하지만 진지한 표정으로 메모까지 하면서 질문을 계속하는 것을 보면 그런 오해는 곧 풀린다.

자세히 보면, 그는 상대와 대화를 하면서 동시에 정보를 수집하고 진단하고 분석하고 결론까지 내버리기 때문에 상당히 효율적인 의사결정을 내리는 능력을 가지고 있다. 상대에게 중요도 순으로 질문을 하고 답변을 듣고 또 자신의 의사를 결정하는 데 보내는 시간은 사실 짧지 않다. 하지만 혼자서 자료나 책을 통해 정보를 이해해서 상황에 대입하고 의사결정을 내리는 방식과 비교하면 훨씬 시간적인 면에서 경제적이고 효율적인 의사결정 방식이다. 읽기보다는 듣기에 강한 리더들은 신 상무와 같은 식의 의사결정 방식에 익숙한 편이다.

일반적으로 성공한 사람은 자신이 부족한 부분을 노출하는 데 별 두려움이 없다. 상대가 누구이든 자신이 필요한 부분을 잘 알 것 같은 사람을 찾아가 그들의 생각을 듣는 데 주저함이 없다. 그들이 상사, 동료, 심지어 부하직원이라고 해도 아랑곳하지 않는다.

묻고 또 물으면 많은 것을 얻을 수 있다

질문이 가지고 있는 힘은 우리가 생각하는 것보다 훨씬 크다. 일단 질문을 하면 답을 얻을 수 있다. 그 답으로 인해 문제를 해결할 수도 있고 최소한 문제를 풀 수 있는 단서를 얻을 수 있다. 또한 질문은 상대의 마음을 열 수 있다. 아무리 과묵한 사람이라도 누군가가 질문을 한다면 자신의 생각과 감정을 드러낸다. 또 질문을 하게 되면 남의 말에 귀를 기울이게 되고 그러면 질문을 잘할 수 있는 요령도 생긴다. 한편 시의적절한 대목에서 꼭 필요한 질문을 하면 현명한 사람으로 인식되기도 한다. 무엇보다도 남을 설득하기에도 좋다. 상대방의 말에 반박하고 싶으면 자신의 의견을 일방적으로 말하는 대신 상대에게 질문을 하는 게 더 효과적이다. 사람들은 자신이 뱉은 말에 대한 심리적인 책임감이 있기 때문이다.

회사 업무를 할 때도 그렇지만 개인의 발전을 위해서도 질문의 위력은 대단하다. 자기 자신에게 '왜 힘든가? 누구와 상의해야 할까? 내가 지금 잘하고 있는 건가? 더 잘하려면 어떻게 하면 될까? 무엇이 문제인가?' 등을 물어보면서 자기 성찰의 시간을 갖는 것도 상당한 도움이 된다.

질문의 위력을 알았다면 이제부터라도 타인과 본인 자신이 가지고 있는 본심의 과녁을 향해 질문이라는 화살을 수시로 쏴 보내야 한다.

외모는 강력한
경쟁력이다

24

:

          컴퓨터공학을 전공하고 박사학위를 받자마자 사업을 시작한 안수혁 대표. 그는 컴퓨터 전문 잡지에 틈틈이 칼럼을 게재해오고 있다. 칼럼이 게재될 때는 그의 사진과 전자메일 주소도 함께 실린다. 오랫동안 칼럼을 써온 덕분에 그는 업계에서 꽤 이름이 알려지게 되었다. 그런데 그를 실제로 만나본 사람들은 깜짝 놀란다. 칼럼과 함께 공개되는 사진과 실물이 확연하게 차이가 나기 때문이다. 실제로 만나면 말쑥한 정장 차림에 신뢰가 가는 활동적인 사업가처럼 보이지만 사진 상에서는 캐주얼한 차림인 데다가 고집스러운 연구원처럼 보였다. 또한 사진에선 나이도 많아 보였다. 보이는 이미지의 중요성을 깨닫고 뒤늦게야 사진을 바꾼 안 사장. 그랬더니 칼럼에 대한 질문을 하거나 전자메일을 보내며 반응을 보이는 사람이 두 배는 늘었다고 한다. 또한 외부 강연 요청 횟수도 부쩍 늘어나 그는 더욱 왕성한 활동을 하고 있다.

아무리 훌륭한 상품이라도
포장이 변변치 않으면 사람들은 열지 않는다

외모에 관해서라면 힐러리만큼 언론의 주목을 받았던 사람도 없을 것이다. 그녀의 외모는 미국 국민들이 10년이 넘도록 신나게 씹어대는 대화 주제이다. 이에 대해 힐러리는 한 언론과의 인터뷰를 통해 외모의 중요성을 다음과 같이 말하기도 했다.

"사람들은 내가 어떤 사람들을 만났고 당정 현안들에 대해 어떤 의견을 가지고 있고 내가 어떤 활동을 했는지보다 내가 무슨 옷을 입었고 내 헤어스타일이 어떻게 변했는지에 대해 더 많이 자주 얘기했다. 물론 신문기사도 후자 쪽에 관련된 것들이 훨씬 많았다. 사람들은 내가 제대로 된 옷을 입고 나왔다고 생각해야만 그때서야 비로소 내가 하는 말에 귀를 기울여주었다."

성공하고 싶으면 성공한 사람들처럼 행동하라고 했다. 미국의 심리학자 앨버트 메라비언의 연구에 따르면, 사람들은 그 사람의 이름보다는 외모나 차림새 등으로 상대를 기억한다고 한다. 실제 모습과 남들이 보는 모습 사이에서 차이가 나는 것은 대부분 외모나 차림새 때문이다. 처음 만날 때, 사람들은 그 사람의 보이는 모습을 보고 그 사람을 판단한다. 즉 그 사람의 옷, 얼굴, 인상, 체형, 그 사람이 가지고 있는 물건 등을 본다. 먼저 호감이 가야 호기심이 생기고 호기심이 생겨야 관심을 가지고 대화를 계속하고 싶어진다. 일단 대화하고 싶은 마음이 들 정도의 외모가 되어야 당신의 빛나는 내면과 능력을 과감하게 보여줄 수 있다. 아무리 좋은 상품이더라도 포장이 변변치 못하면 열어보지 않는 게 사람 심리이다. 요즘 같은 속도의 시대에 사람들은 시간을 들여서 그 사람의 내면을 찾아내려는 노력을 거의 하지 못한다. 단지 보이는 것으로 내면을 가늠할 수밖에 없는 상황이다. 따라서 아무리 내적인 능력에 자신이 있는 사람이라도 외모도 함께 가꾸어주어야 자신을 향하는 기회들을 놓치지 않을 수 없다.

멋진 외모는 큰 장점이다. 그렇다고 꼭 미남 미녀일 필요는 없다. 너무 뚱뚱하지 않은 체형에 균형미를 갖추고 맵시 나는 옷차림 정도는 지켜주어야 한다. 부자인 사람이나 성공한 사람 중에서 비만 체형을 가진 사람은 찾아보기 힘들다. 여기서 잊지 말아야 할 중요한 점은 호감 가는 외모에는 그에 걸맞은 예의바름과 태도도 병행되어야 한다는 점이다.

자신만의 분위기, 스타일, 브랜드 만들기

옷은 자기자신을 표현하는 수단이다. '옷을 못 입는 여성을 보면 사람들은 그녀의 옷에 주목하지만 옷을 잘 입는 여성을 보면 사람들은 그녀라는 사람을 주목할 것이다'라고 코코 샤넬은 말했다. 사회생활을 하면서 자신만의 브랜드를 만드는 일도 중요하다. 센스가 있는 사람들은 자신만의 분위기, 스타일, 브랜드를 멋지게 만들어낸다. 그렇다고 해서 이들이 명품으로 온몸을 휘감고 다니는 것은 아니다. 이들은 보수적이고 심플하고 고급스러운 옷을 통해 전문가다운 인상을 주려고 노력한다.

　한편, 자신만의 트레이드마크를 만드는 것도 자신만의 스타일을 가질 수 있는 좋은 방법이다. 독특한 헤어스타일이나 옷을 고집하거나 액세서리를 착용하거나 특정 색상으로 된 옷, 가방, 신발 등을 착용하는 것, 해외여행 때 각 나라를 대표하는 독특한 장신구를 구입하여 수집하는 것 등이 자신의 스타일을 완성하는 데 활용해볼 만한 아이템들이다. 혹은 자신만의 독특한 표정이나 눈웃음도 트레이드마크가 될 수 있다. 좀더 진지하고 신뢰를 주는 사람이라는 이미지를 강조하고 싶으면 늘 메모지와 펜을 가지고 다니면서 메모하는 모습을 보이는 게 좋다.

사돈의 팔촌 직업도
팔아먹는다

25

:

사회에서 혹은 조직에서는 당신을 평가할 때는 당신의 능력만 보지 않는다. 물론 능력은 기본이다. 당신 자신의 노력으로 갖게 된 학벌, 경제력, 성격 등도 능력에 포함된다.

그 이외에 상당한 가산점을 주는 요소는 당신의 배경이다. 이를 테면 당신 집안의 경제 수준, 가족 구성원의 사회적 지위, 당신 집안의 교육 수준 등이 조명이 되어 다른 사람보다도 밝게 당신을 비춰 주어 눈에 띄게 한다.

사람들은 강하고 잘나고 많이 가진 사람을 좋아한다. 좋은 가정 환경과 막강한 경제력이 있는 집안 출신들은 그렇지 않은 사람들보다 기본적으로 좋은 인맥을 형성하고 있다. 인맥이라는 요소는 사회 생활을 할 때 다양한 긍정적인 기회들을 가져다준다. 이것은 강력한 차별화 무기가 되며 사회생활을 하면서 만나게 되는 난관이나 장애들을 극복하는 데에도 든든한 역할을 한다.

집안 배경은 든든한 뒷받침이 되어준다

30대 후반의 손민성 씨. 현재 그는 탄탄한 중견기업에서 신규 프로젝트 사업본부에서 한 팀을 맡고 있다. 그의 장인은 전직 장관이며 아직도 정치계에서 활동을 하고 있어서 이름을 대면 모르는 사람이 없을 정도의 인사이다.

몇 년 전에 장인의 도움으로 그는 지금의 회사에 낙하산을 타고 입사했다. 그런데 입사를 해서 보니 그가 근무하는 부서는 구조조정을 할 때마다 언제 없어질지도 모르는 풍전등화의 위기에 시달리고 있었다. 사실 신규 사업이란 것이 기업의 상황에 따라 언제든지 중도 탈락할 수 있는 영역이기 때문이다. 전임자들은 몇 년간 성과가 없어서 퇴출당하거나 스스로 다른 곳을 찾아 떠났다. 남아 있는 직원들은 기가 죽어 있었고 사업도 지지부진했다. 결국 이 팀은 또다시 몇 년 전에 존폐 위기를 맞아야 했다. 이대로 물러설 수 없다고 생각한 그는 1년 동안 회사가 이 팀을 지원해주면 약속한 성과를 내놓겠다고 경영진을 설득했다. 사실 경영진에서도 그를 함부로 대할 수 없어서 그의 제안을 받아들여 결정을 유보했다. 1년 동안 그는 자신의 외부 지인들의 도움을 총동원해 신규 사업을 키워나갔고 결국 회사와의 약속을 지킬 수 있었다. 그 이후에는 회사 매출의 일부를 담당하는 알짜 부서가 되었다.

화려한 인맥을 가진 사람은 가라앉지 않는다

부모의 후광효과를 받은 또 한 사람의 주인공인 40대 초반의 민병준 씨. 이번에는 아버지가 전직 장관인 케이스이다.

민병준 씨는 기술력이 탄탄한 소프트웨어 개발회사의 부사장으로 근무했다. 이 회사의 대표이사는 국내 사업과 조직 관리를 맡고 민 부사장은 미주 법인을 관리하고 해외 영업 업무를 맡는 쪽으로 업무 분담을 했다.

엔지니어 출신인 이 회사의 창업자인 사장은 민 부사장의 외국어 실력과 화려한 인맥이 탐나 그를 영입했다. 한편, 이 회사의 파트너들이나 투자자들도 사장보다는 오히려 부사장을 더 믿는 눈치였다. 이에 힘입어 민 부사장은 의욕적으로 해외 사업을 추진했지만 글로벌 비즈니스라는 것이 호락호락하지만은 않았다. 시간이 가도 기대만큼의 성과가 나지 않았다.

결국 작년 금융위기가 왔을 때, 이 회사는 전격적으로 미주 법인을 철수하기로 결정했고 민 부사장은 회사를 그만두었다. 하지만 그는 이 회사의 투자자 중 한 사람이었던 회장의 회사에 스카우트되어서 지금은 공백 없이 업계에서 여전히 건재하게 활동을 하고 있다.

후광효과를 노리는 것은 비열한 것이 아니다

위의 케이스들을 보고 어떤 사람들은 상대적 박탈감이나 소외감을 느낄 수도 있다. 혹은 핵심이 아닌 부수적인 것으로 승부하는 것은 자신감 없는 사람들이나 하는 짓이라고 생각할 수도 있다. 물론 그렇게 생각하고 묵묵히 자신의 기량과 능력을 키우는 데만 올인할 수도 있다. 없는 배경을 만들자고 족보를 다시 쓸 수도 없는 노릇 아닌가?

배경보다는 실력이 우선이라는 것은 삼척동자도 아는 사실이다. 하지만 세상이 늘 합리적이고 정의롭고 공평하게 돌아가지만은 않는다. 내 주변 환경이나 사람들을 통해 내가 부각될 수 있는 후광효과를 노리는 것은 비겁한 것도 아니고 야비한 술수도 아니다. 그리고 후광효과를 부정한다고 해서 엄연히 세상에 있는 것이 없어지는 것도 아니다. 보다 현실적인 방법을 찾는 게 현명하다. 자신에게 지금보다 더 많은 기회가 오도록 하려면 현재 자신이 가지고 있는 유리한 점들을 사람들에게 알려놓는 게 좋다.

새로운 조직에 입성한 경력자이거나 신입사원 중에서 조직의 생리를 아는 사람은 후광효과를 이용한다. 사돈의 팔촌 직업이라도 판다. 부모의 직업이 무난하다면 주변에 색다르고 특이한 직업을 가진 친구나 친척을 동료들에게 자연스럽게 알리기도 한다. 이들은 우리가 하찮게 생각하는 이런 요소가 자신의 직장 생활에서는 든든한 안전장치가 될 수 있다는 것을 알기 때문이다.

겨누지 않고 쏘면
100% 빗나간다

26

:

빨리 성공하는 사람들을 보면 자신이 가야 할 길을 앞서 간 사람들을 찾는다. 그래서 그 앞서간 사람들을 자신들의 역할 모델로 삼는다. 사고방식이나 인간관계, 업무처리 방식, 습관들을 관찰하고 자신도 따라한다. 더 나아가 멘토가 되어달라고 먼저 손을 내민다. 어떤 사람들은 역사적인 위인을 닮으려고 하고 어떤 사람은 성공한 CEO, 전 직장 상사, 친척, 학교 선배, 직장 동료, 가족 가운데에서 자신의 멘토를 찾는다. 혹은 분야별로 각각 한명씩의 멘토를 따로 두기도 한다. 이를테면 리더십 부분은 누구, 인간관계 부분은 또 다른 누군가를 벤치마킹한다. 창조는 모방의 어머니라는 말이 있는데 이는 단순히 예술의 경지에 오르기 위해서만 필요한 방법론은 아닐 것이다.

자신만의 멘토를 찾아 조언을 얻는다

30대 초반에 남들보다 사회생활을 뒤늦게 시작한 박범진 과장. 남들처럼 때 되면 월급 받고 때 되면 승진해서는 남들을 앞설 수 없다는 것은 불을 보듯 뻔한 일이었다. 그래서 자신이 가고자 하는 길에 먼저 도달하여 성공한 사람들을 찾기 시작했다. 그러다가 자신이 다니는 회사의 사장을 자신의 역할 모델로 삼기로 했다. 이 회사의 사장은 자신처럼 뒤늦게 사회생활을 시작했지만 외국계 회사, 국내 중견기업에서 CEO를 역임했고 지금은 자신의 사업체를 잘 꾸려가고 있는 인물이었다. 다행히 이 회사는 조직이 크지 않아 사장을 가까이에서 관찰할 수 있었던 박 과장은 짧은 시간에 많은 것을 배울 수 있었다. 더구나 사장은 직원들의 성장을 위해 조언을 아끼지 않는 편이었다. 한편, 박 과장이 자신을 역할 모델로 삼고 자신을 멘토로 삼고 싶어 한다는 것을 알고 더욱 관심을 가지고 도움이 되는 얘기를 많이 해주었다. 5년 동안 열심히 배운 박 과장은 같은 업계의 좀더 규모가 큰 회사로 옮겼다. 그는 회사를 떠난 후에도 일 년에 몇 번씩 정기적으로 멘토를 만나고 있다. 사람으로부터 가장 큰 영향을 받는다고 생각하는 박 과장. 멘토를 자주 만날 수는 없지만 그의 조언과 지혜는 매일 만나고 있다고 한다. 매일 아침 업무를 시작하기 전에 멘토의 메시지를 읽고 마음을 다잡는다고 한다. 우리 모두에게도 도움이 되는 내용이라 잠깐 소개할까 한다.

일을 하는 방식과 일에 대한 태도

- 딸리는 실력에 넘치는 의욕으로 일해라. 일할 때는 작은 것부터, 현실적으로, 그리고 빠르게 처리하라.
- 내 도움을 필요로 하는 곳이 있으면 보상을 바라지 말고 도와라. 뿌린 대로 거두게 된다.
- 기계적으로 일하지 마라. 시작하기 전에 일의 최종 목표와 일의 의의를 먼저 파악해라. 일의 본질을 꿰뚫어 보는 능력을 키워라.
- 전체 그림을 보려고 노력해야 한다. 회사의 발전에 자신이 무엇을 어떻게 기여하고 있는지를 발견하면 자기 일에 자긍심이 생긴다.
- 답은 스스로 찾는 것이다. 옆 사람이 훈수를 둘 수는 있지만 대신 풀어주지는 못한다.
- 관심 가는 일이 있으면 무보수라도 경험해봐라. 그래서 좋아하고 잘하는 일을 찾아라.
- 일단 저질러라. 그러고 나서 불평해라.
- 당신이 배워야 할 것은 학교에 있는 게 아니라 현장에 있다. 장학금 받으면서 회사 다닌다고 생각하고 감사한 마음으로 회사 다녀라.
- 가방끈을 늘린다고 성공하는 건 아니다. 학력 세탁하지 말아라.

인간관계

- 외부에 나가면 부하직원을 칭찬해라. 당사자 앞에서 하는 것보다 훨씬 효과가 좋다.
- 중간관리자가 되고부터는 될성부른 부하들과도 잘 지내라. 기회

는 아래에서도 온다.
- 사람을 내 편으로 만들고 싶으면 관찰해라. 그 사람의 관심사가 무엇인지를 찾아내고 그 관심사와 관련된 사람과 정보를 지속적으로 제공해라.
- 주고받을 게 없는 인간관계는 오래가지 못한다. 그것이 돈이든 정보든 관심이든 오고 가야 한다.
- 청하지 않은 조언은 하지 마라. 제아무리 영양가 있는 소리를 해도 인심을 잃을 수 있다.
- 일반적으로 돈, 자식, 건강에 관한 정보를 제공하면 누구에게나 사랑받는다.

성공 습관

- 받을 돈은 빨리 받고 줄 돈은 미룰 수 있는 한 미뤘다가 줘라. 이것이 부자법칙의 1항이다.
- 메모하라. 기록하라. 지금은 업무 매뉴얼에 불과하지만 시간이 지나서 보면 인생 자서전이 된다.
- 자격지심을 갖지 마라. 지금 잘 나가는 당신의 상사도 당신 같은 때가 있었다. 시간이 지나면 당신도 그들과 같은 모습을 하고 있을 것이다.

직장인이라면 어떤 형태로든 회사의 매출에 기여해야 합니다

이진용 (휴렛펙커드(HP) 미주 본사 영업운영팀 부장)

은행원에서 MBA학생으로 다시 재무전문가로 변신한 전문 직장인

사회생활 12년 동안 불려온 제프리 리(Jeffrey Lee)라는 이름이 더 익숙한 이진용 부장. 그는 은행원에서 MBA학생으로, 다시 재무전문가로 변신한 전문 직장인이다. 한마디로 모범생이고 엄친아다. 하지만 따뜻한 인간미가 있어서 까칠하지 않다. 분명 그는 자기 중심과 철학이 확고한 합리주의자이고 원칙주의자이다.

인터뷰를 요청했을 때 그는 일단 우려되는 바를 먼저 표명했다. 자신이 미국에서 근무한 지 오래되어서 국내 독자들이 보기에는 괴리감이 느껴질 수 있다는 것이었다. 그러나 막상 그의 원고를 받아 보았을 때는 그것이 노파심이었다는 것을 알게 되었다. 그의 메시지를 보면 어느 나라에서 일하든 '기본에 충실해야겠다'라는 다짐을 하게 된다.

Q1. 당신의 현재 직장에서 맡고 있는
주요 임무와 전문 분야는 무엇입니까?

HP Imaging & Printing, Graphics Solutions Business 미주 본사에서 신용과 관련된 전반적인 업무를 총괄하고 있습니다. 좀더 구체적으로 말하면, 고객들이 리스를 비롯한 다양한 자금운용(financing)을 통해서 저희 솔루션을 구입하실 수 있도록 자회사인 HP Financial Services를 비롯해서 제3금융권 기관들을 통한 영업전략 및 구매 프로그램 개발과 운영을 맡아서 하고 있습니다. 또 고객들과 중간상인들이 HP에 가지고 있는 신용한도와 그와 관련된 전반적인 일을 담당하고 있습니다. 지금 만 1년 정도 맡아서 하고 있는 이 업무 이전에는 미주 내 중소기업 관련 세일즈 전략(3년), 또 제품라인과 세일즈에 관한 재무분석(3년) 등의 업무를 해 왔습니다.

Q2. 회사를 다니다가 그만두고 MBA 과정을 밟은 계기가
있었나요? 또, MBA 과정이 현재 당신의 직장 생활에
어떤 영향을 미쳤다고 생각하나요?

대학 졸업 후 한국계 은행 LA지점에서 3년 정도 근무를 했습니다. 그때 사실 상사 분들이 제게 한국 본사에서 근무를 할 좋은 기회를 주시겠다고 종종 말씀하셨습니다. 그런데 그때마다 '과연 내가 지금 한국에 가면 잘할 수 있을까?' 하는 생각이 자주 들었습니다. 개인적으로는 은행업무가 제 적성에 맞지 않는다는 생각이 들었고요. 그때만 해도 다녔던 한국계 회사의 너무 권위적인 분위기가 저랑 맞지 않는다는 생각도 들었습니다. 그럴 무렵, 제 주위에는 MBA를 마쳤거나 진학 중인 대학 선배들이 많

왔는데 그분들이 제게 더 공부해보라는 권유를 많이 했습니다. 그 당시, 회사를 그만두고 학업을 새롭게 시작해야 한다는 것에 대한 두려움도 물론 있었습니다. 하지만 비즈니스 전반에 대해서 좀더 체계적으로 배워보고 싶었고, 또 '막상 부딪치면 헤쳐나갈 수 있을 것이다' 하는 막연한 자신감으로 진학을 결심하게 되었습니다.

MBA 과정이 직장 생활에 있어서 어떤 영향을 미쳤는가에 대해서, 저 개인적으로는 재무나 전략뿐만이 아니라, 많은 다른 관점에서 직장 생활과 회사가 돌아가는 것에 대한 이해를 넓혀줬다고 생각합니다. 쉽게 말해서 제가 MBA를 안 했다면 세일즈나 마케팅, 혹은 인사 분야를 바라보는 관점이 많이 부족했으리라는 생각이 듭니다. 물론 MBA를 마친 후 실전에서 훨씬 더 많이 배운 게 사실이긴 하지만 말이죠.

Q3. 자신의 경력을 관리하면서 가지고 있는 원칙은
어떤 것이 있습니까?

제가 개인적으로 갖고 있는 원칙은 세 가지 정도로 요약할 수 있을 것 같습니다. 그중 가장 첫 번째는 '자신의 커리어를 자신이 직접 관리하지 않으면, 결국 누군가가 당신 자신의 커리어를 대신 관리해준다' 라는 아주 상식적인 것입니다. 자신의 경력 관리에 누구보다도 적극적이어야 하는 게 바로 자신이라는 이야기죠.

두 번째는 '항상 새로운 일을 시작할 때, 그 다음에 하고 싶은 일에 대한 생각을 시작하라' 는 거예요. 이 말이 새로운 일을 게을리 하라는 말은 절대 아닙니다. 오히려 개인적으로는 무슨 일이든지 긍정적인 성과가 없다면 다른 새로운 일로 옮겨갈 생각을 될 수 있으면 하지 말아야 한다는 주의입니다. 대개 어디서나 마찬가지겠지만, 맡은 일을 성실히 잘해내고

그에 따른 결실을 보여야만 앞으로 더 크고 넓은 일이 주어질 기회가 많기 때문이겠죠.

마지막으로는 '회사라는 조직에서 일을 하는 한, 내가 하고 있는 일이 과연 회사의 제품이나 서비스를 더 빨리, 그리고 더 많이 시장에 팔게 하는지에 대해서 누구보다 엄격하게 자신의 기여도를 돌아보라'는 것입니다. 아주 냉정하게 말하자면, 자신이 하고 있는 일이 무엇인가에 관계 없이 회사의 매출에 긍정적인 기여를 하지 않는다면 시간 낭비할 것 없이 먼저 그런 기여를 할 수 있는 일을 찾아서 그 직장을 떠나는 게 맞는다는 생각이 들고요. 만약 그렇게 안 한다면, 다른 이의 손에 의해서 직장을 떠나야 하게 되는 것은 시간문제가 아닐까요? 만약 매출에 직접적인 기여를 하지 않는다면 그 자리는 아마도 더 싼 인력이 있는 외주업체가 대행하게 될 겁니다.

Q4. 직장 생활을 하면서 가장 기억나는 일은 무엇입니까?

2005년 Imaging & Printing 미주 본부에서 우수 직원으로 뽑혀서 다른 우수 직원들과 함께 부부동반으로 4박 5일간 멕시코에 다녀왔을 때인 것 같습니다. 저는 회사에서 있던 일들을 별로 아내에게 얘기를 많이 하는 편은 아닌데, 그래도 좋은 이벤트에 선정되어 아내를 회사 행사에 데리고 가 평생 잊지 못할 추억을 만들어준 것이 뿌듯했습니다.

Q5. 미국 회사에서도 처세라든가 사내 정치가 존재하리라고
　　　생각하는데요, 미국의 조직 사회에서 직장 생활을
　　　잘하기 위해서는 어떤 노력과 능력이 필요할까요?

　　　모든 조직이 그렇지만 위로 올라갈수록 사내 정치가 더 심해질 수
밖에 없다고 생각합니다. 그리고 그것에 대해서 이런저런 말들도 많죠. 근
데, 저는 좀 간단하게 생각하는 편입니다. 우선 앞에서도 말했듯이, 한 회
사에 몸담고 있는 직원이라면, 그 회사의 매출에 얼마나 기여를 하는지가
최고의 관건이어야 한다고 생각합니다. 물론 사내 정치를 게을리 해서 원
하지 않은 부서로 가게 된다거나 인정을 못 받는다거나, 진급이 안 되거
나, 늦어진다거나 하는 일도 있을 수 있습니다. 하지만 장기적으로 보면
그건 그냥 약간 돌아가는 길이 아닐까 하는 생각이 듭니다. 또 지금까지
그래왔지만 앞으로는 더욱 더, 한 회사에서 오랫동안 일하는 게 커리어의
궁극적인 목적이나 목표는 아니라고 생각합니다. 어떤 이유에서건 노력
을 열심히 했는데도 회사에 대한 기여와 그에 따른 결실이 보이지 않는다
면 더 나은 기여를 할 수 있는 일을 찾는 게 맞지 않을까라는 생각을 해봅
니다.

Q6. 당신이 생각하는 '직장 생활에서의 성공'이란
　　　무엇이라고 생각하나요?

　　　먼저 저는 절대로 직장 생활에서의 성공이 직책이나 직위와는 상관
이 없다고 생각합니다. 직장 생활에서의 성공은 쉽게 말해서 어떤 부서와
자리에 있든지 회사에 긍정적인 기여를 할 수 있게 된다면, 그게 일단 한 가
지의 성공이라고 봅니다. 참 다행인 건, 회사라는 곳은 완벽할 수가 없는 유

기적인 조직이기 때문에 여러 방면에서 잘 찾아보고, 공부하고, 생각해보고, 노력한다면 항상 기여를 할 수 있는 기회는 널려 있다는 거겠죠.

또 살면서 가장 중요한 화두는 균형이라는 개인적인 철학을 가지고 있습니다. 그래서 가정 생활을 포함한 개인적인 생활과 균형을 맞춰가면서 직장 생활을 잘 꾸려나갈 수 있다면 그것이 궁극적으로 직장 생활에서 성공하는 게 아닌가 생각합니다. 그러기 위해서 노력도, 또 운도 많이 따라야 할 것입니다.

Q7. 직장인 후배들에게 남기고 싶은 조언이 있다면 말씀해주세요.

몇 가지 생각을 해보게 됩니다. 첫째는 자신이 하는 일에 대해서 자부심을 갖는 건 중요하지만, 결코 그것이 자만이 되지 않아야 한다는 겁니다. 둘째는 직장 생활을 하면서 회사에 무언가를 바라는 것보다는 회사에 무엇을 해줄 수 있는지를 먼저 고려해야 한다고 생각합니다. 개인적으로 돌아보면, 분명히 회사에 공헌한 만큼 결국에는 어떤 종류의 보상이든 제게 주어진 것 같습니다. 길게 보면 말이죠. 셋째는 많이 묻고 많이 들으라는 겁니다. 회사 안팎에서 만나게 되는 많은 사람들이 자신에게는 누구보다 큰 가르침을 줄 수 있습니다. 그러니까 항상 묻고 듣는 버릇을 기르는 게 중요하다고 생각합니다. 넷째는 앞에서도 말했지만 매일매일 회사에, 특히 매출을 위해서 어떤 구체적인 기여를 하는지에 대해서 늘 돌아보는 습관을 갖는 게 중요하다고 봅니다. 마지막으로는 힘들고 피곤한 직장 생활일 때도 있지만 나름대로 재미를 찾고 즐기는 방법을 터득하길 바랍니다. 결국은 직장 생활도 우리 모두 각자의 인생에서 큰 부분이니까, 좋은 추억들을 많이 만드는 것도 중요하겠죠.

4장

리더십, 성공인의 공통점

리더는 타고나는 것이 아니다

임원은 '임시 직원'의 약자라는 말이 있다.
위로 올라갈수록 책임감과 부담감, 궂은 일을 처리해야 하는
스트레스가 목을 조른다. 새로운 일, 새로운 직책을 맡았으면
업무와 책임 범위를 확실히 하는 것은 기본 사항이다.
또한 신임 임원이라면 솔선수범해서 결과를 직접 만들어
낼 수 있는 능력을 보여야 아랫사람들도 그를 신뢰한다.
특히 리더십을 발휘하지 않으면 직원들은 임원이라는
타이틀만 보고 따르지 않는 법이다.

27

2인자 자리도
훌륭한 최종 목표가
될 수 있다

:

일반적으로 '2인자'라고 하면 기업이나 조직에서 주로 '부'자나 '차'자가 붙는 직급을 달고 1인자를 보좌하는 자리에 있는 사람들을 지칭했다. 하지만 요즘은 단순히 1인자의 밑에 있는 사람을 2인자로 칭하는 게 아니라 조직 곳곳에서 일상적으로 상존하는 상하 관계에서 아래쪽에 해당하는 사람으로 의미가 확대되었다.

예전에는 세상의 모든 자기계발 서적들은 최고가 되고 1인자가 되어야 하는 이유와 그 비법들을 제시했다. 그리고 모든 사람들은 조직의 피라미드 꼭대기에 있는 단 한 자리를 목표로 앞만 보고 달려갔다. 그 이유는 1등이 아니면 2등부터는 꼴찌나 마찬가지라는 생각이 지배적이었기 때문이다. 다시 말해, 아무도 2등을 기억해주지 않는다고 생각했기 때문이다.

그러나 요즘은 좀 다른 양상을 보이고 있다. 조직에서 1인자를 지향하는 '출세주의'가 한풀 꺾이고 최고의 자리까지 오르지는 않더라도 '가늘고 오래가자'는 주의가 팽배하고 있다. 1인자만이 스타로서 추앙받는 시대에서 무대의 뒤편에 선다는 것은 쉽지 않은 결단이다. 하지만 현실은 녹록지 않다. 조직의 사다리에 높이 올라가면 갈수록 감수해야 하는 실패에 대한 위험부담 또한 커지므로 그 자리를 지탱할 수 있는 시간이 길지 않다. 빨리 올라가면 빨리 내려와야 하기 때문에 차라리 꼭대기까지 오르지 않더라도 안정적으로 오래 다닐 수 있는 자리를 선호하는 것이다. 이런 이유 때문에 최근에는 2인자를 1인자가 되기 위한 중간 지점으로 보는 게 아니고 그 자체를 목표로 삼기도 한다. 또한 1인자는 계속 바뀌더라도 자신의 2인자 자리는 변화를 유지하는 것을 목표로 두고 있다.

행복한 2등도 얼마든지 존중받아 마땅하다

기업에서 성공한 2인자들을 보면 몇 가지 공통점을 가지고 있다.

첫째, 2인자는 절대 1인자를 위협하지 않는다. 1인자가 2인자에게 위기의식이나 경쟁심을 느끼지 않도록 스스로 몸을 낮춘다. 그리고 이들은 '단순한 넘버 2'가 아니라 '역할 2'가 되려고 노력한다. 마치 그림자처럼 1인자가 하는 것을 그대로 따라하는 것이 아니라 1인자가 부족함을 느끼거나 필요를 느끼는 역할을 보완해야 하기 때문이다. 넘버 1들은 수많은 역할 2들을 주변에 확보하려는 경향이 있다. 따라서 이들 역할 2들 중에서도 빛나는 존재가 되기 위해서는 자기만의 전문 분야를 가지고 있어야 한다.

　그 다음으로는 2인자들은 1인자가 좋아하는 스타일의 화법을 발굴해서 간결하면서도 명쾌하게 커뮤니케이션을 한다. 또한 쓴소리를 전혀 쓰지 않게 말하는 능력을 가지고 있다. 그리고 자신을 부각하려는 노력을 한다든가 스스로의 입지나 이득을 따지는 등 사심을 보이지 않는다. 다시 말해, 욕심을 낸다면 일에 대해서이지 직함에 대해서는 아니라는 말이다.

　세상은 변해간다. 불안정한 고용 환경 속에서 우리는 살고 있다. 변화하는 세상에 따라 우리들의 성공에 대한 정의가 달라지는 건 어쩌면 당연한 일인지도 모른다. 2인자가 되는 것을 선택한다는 것을 두고 비겁한 약자의 선택으로 폄하할 필요는 없다. 이 시대를 살아가는 또 하나의 생존 전략으로서 행복한 2등도 얼마든지 존중받아 마땅하기 때문이다.

리더십은 쓰러뜨리기 위해서가 아니라 세우기 위해 발휘한다

28

:

조직에 몸담고 있는 사람들은 대부분 상사 지향형이다. 특히 조직에서 빨리 성공하는 사람들은 아래쪽은 잘 살피지 않고 위쪽만을 간절하게 바라보는 해바라기 유형들이 대세이다. 한 논문에 의하면, 임원들을 대상으로 조사한 결과 부하를 챙기거나 관리하는 데에는 본인 업무의 20%를 할애한다고 한다. 나머지 업무의 80%는 상사가 지시한 일을 한다든가 상사와 연관된 일을 한다고 답했다고 한다. 이 결과를 통해 대부분의 임원들은 아랫사람들을 이끌어내는 '리더십'보다는 윗사람들의 해결사로서 역할을 하는 '팔로우십'에 더 큰 비중을 둔다는 것을 알 수 있다. 다시 말하면, 임원들은 수많은 본인 휘하에 있는 부하들의 목소리보다는 상사인 CEO가 하는 한두 마디를 훨씬 더 크게 듣는 것이다.

하지만 조직 생활을 오래 하려면 위에서도 끌어줘야 하지만 아래에서도 받쳐줘야 한다. 아직까지도 조직에서는 군대처럼 상명하

달의 지시 체계가 존재한다. 따라서 윗사람들은 아랫사람이 맞추어야 하는 것을 당연하다고 생각한다. 하지만 아래에 소개하는 나 실장의 경우는 아랫사람을 키워서 힘을 받는 케이스이다.

아랫사람을 내 사람으로 만든다

국내 유명 포털회사에서 30여 명의 부하들을 휘하에 두고 있는 나상곤 실장. 그는 부하직원들을 잘 챙기는 리더이다. 일단 그는 권위라는 무거운 갑옷을 입지 않는다. 그는 부하들 개개인을 민주적으로 대하고 존중한다. 부하직원들을 만만하게 생각하거나 자신의 감정이 가는 대로 신경질적으로 대하지도 않는다. 또한 근무 시간 이외에도 시간을 함께 하면서 진로를 포함한 인생 전반에 대한 고민 거리의 상담자도 되어준다. 그는 상사와 부하 관계를 인간적인 관계로까지 끌어올리는 스타일이다.

그는 일단 자신의 울타리에 들어온 부하들은 자신이 끝까지 책임진다는 원칙을 가지고 있다. 그리고 꼭 이 회사에 머물지 않더라고 그들이 인생과 비즈니스라는 험난한 전쟁터에서 살아남을 수 있도록 도와주고 코치해주는 것이 선배이자 리더인 자신의 의무라고 생각한다. 그래서 지금 다니는 회사에서 재미를 찾지 못하는 부하를 위해 다른 회사의 자리도 알아봐준다. 혹은 후배가 다른 회사로 옮길 경우, 자신의 지인이 그 회사에 있다면 미리 얘기를 해놓아 그 후배가 잘 적응할 수 있게 도와달라는 당부도 잊지 않는다. A라는 선배가 있는 곳에 B라는 후배를 보내고, C라는 친구가 있는 곳에 D라는 후배를 보냈더니 재미있는 현상이 발생하기도 했다. 몇 년이 지난 후 돌아보니 업무적으로 소개했던 선후배들 사이에서 결혼까지 하는 사람들이 생겨난 것이다. 정작 본인은 미혼이지만 결혼을 성사시킨 커플이 벌써 세 쌍이 넘어서 그는 이미 천국행 티켓도 따놓았다고 한다.

후배와 부하들이 나 실장을 따르는 또 다른 이유는 확실한 보상에 있었다. 그는 목표로 했던 성과를 내는 부하들에게는 그에 대한 철저하게 보상을 해야 한다고 생각한다. 그것이 승진이든 스톡옵션이든 연봉 인상이든 회사측을 움직이든가 그것도 여의치 않으면 자신의 몫이라도 내주는 모습을 보여왔다. 그래서 그의 주변에는 아랫사람들이 많다. 현재 다른 회사에 근무하더라도 나 실장을 탄탄하게 받치고 있는 후배들도 많다. 무슨 '사단' '군단'처럼 어떤 사안이 있으면 뿔뿔이 흩어져 있던 후배와 부하들은 그를 중심으로 모이기도 한다. 이들 중에는 몇 년 전 나 실장이 사업을 시작하려고 했을 때 안정적인 회사를 그만두고 나 실장과 함께 일해보겠다고 덤벼든 부하들도 포함된다. 후에 다른 문제가 있어서 사업을 시작하지는 못했지만 든든한 부하들의 마음을 확인할 수 있는 좋은 기회였다고 자랑스럽게 얘기했다.

사람과 돈은 자신을 소중하게 다루는 쪽으로
가기 마련이다

리더들은 리더십을 테크닉이나 시스템으로 보지 않는다. 그들은 아랫사람에게 믿음과 확신을 준다. 리더가 자신들의 고충을 이해하고 있고 자신들의 가능성을 보고 있다고 생각하면 그때부터 부하들은 열과 성을 다해 업무에 집중한다는 것을 안다. 부하들이란 자신의 능력을 보여줘서 자신을 알아봐주고 인정해주는 리더를 실망시키고 싶어 하지 않기 때문이다. 그리고 이런 직원들이야 말로 조직의 생산성과 효율에 가장 기여하는 사람이라고 리더들은 생각한다.

진정한 리더십은 권위적이지 않고도 부하직원들에게 동기를 부여하고 목표를 이루게 한다. 직급이 높다는 것을 이용해 군림하고 호통치고 위협하지 않아도 부하들을 움직이게 하는 힘이다. 또, 그 힘에는 자기 자신과 팀원들이 일을 해낼 수 있다는 자신감이 포함되어 있다. 진정한 리더들은 조직에서 부하들을 쓰러뜨리기보다는 일으켜 세우는 데 이 힘을 사용한다.

막상 사업을 하려면 아무리 좋은 사업 아이템을 발견했다 하더라도 자금과 사람을 확보하는 것이 관건이다. 만약 향후 몇 년 안에 직장 생활을 접고 독립해서 자기 사업을 계획하는 사람이라면 지금부터 주변을 한번 둘러봐야 한다. 내가 다른 회사로 옮긴다거나 새 사업을 시작한다고 했을 때 나를 믿고 따라와줄 후배나 부하는 몇 명이나 되는지 확인해볼 필요가 있다. 직장 생활 10년 동안에 건진

후배가 세 명 이하라면 자신의 리더십에 대해 진지하게 다시 한번 생각해볼 일이다.

29 상사는 악역을 맡아줄 부하를 찾는다

　거대 보안장비 회사인 A사에 스카우트가 된 지 얼마 안 되는 이동우 상무. 원래는 마케팅 전문가였으나 이 회사에서는 영업 담당 임원으로 근무하게 되었다. 그는 빠른 출세가도를 달린 전형적인 인물이다. 국내 기업에서 사회생활을 출발해서 외국계 기업으로 몇 번 옮기면서 30대에 대표이사도 해보고 억대 연봉의 소유자로 돈과 명예를 동시에 거머쥐었던 사람이다.

　그는 의사소통을 할 때 매사에 단순명료하고 지나치다 싶을 정도로 공격적이며 자신감이 넘치는 태도의 직설적인 화법의 소유자이다. 그래서 영업 회의 때는 실적이 부진한 직원들을 공개적으로 호되게 몰아붙였다. 하지만 회의 후에 직원들을 일대일로 만날 때는 따뜻한 말을 먼저 건네는 편이었다. 한마디로 병 주고 약 주고를 잘해서 쉽게 미워할 수 없도록 하는 능력이 있는 사람이었다. 그래서 시간이 지날수록 그를 바라보는 직원들의 시선이 비호감에서 호감으로 바뀌어가고 있었다.

A사의 조직구조를 보면, 이 상무 바로 밑에 오진호 사업부장이 있고 그 밑에는 4~5명의 팀장이 포진하고 있었다. 오진호 부장은 이 상무와 인연이 꽤 깊다. 그는 이 회사에 오기 전에 이 상무와 다른 회사에서도 일을 함께 근무했던 경험이 있었다. 그래서 그들은 서로 말하지 않아도 상대가 무엇을 원하는지 누구보다도 잘 알고 있는 사이였다.

그런데 오 부장은 업계에서 그리 좋은 평을 받지는 못했다. 거래처들과의 관계에서도 뒷돈을 밝힌다는 소문이 잊혀질 만하면 터졌다. 하지만 그의 비리에 대한 정확한 물증은 없었다. 또, 사내에서도 영업부 직원들을 개인적인 감정으로 불공평하게 대한다고 말들이 많았다. 구설수에 시달리는 오 부장이었지만 이 상무와의 호흡은 나무랄 데가 없었다. 그는 그 누구보다도 이 상무가 원하는 게 무엇인지를 금방 파악하는 능력이 있었다. 그리고 악역은 자신이 맡았다. 이를테면, 직원들이 불만을 가질 만한 회사 정책을 전달할 때는 오 부장이 전달을 하고 좋은 실적을 냈다거나 좋은 뉴스가 있으면 이 상무가 나서서 얘기를 하는 식이었다. 혹은 거래처와 말썽이라도 생기면 상무가 나서지 않아도 되도록 오 부장은 자기 선에서 해결하려고 했다. 또한 거래처가 상무를 곤란하게 만드는 상황이 벌어지지 않게 미리 차단하는 역할을 했다. 이 상무의 입장에서는 오 부장이 별로 평판이 안 좋다는 건 알지만 오 부장으로 인해 조직을 굴려나가는 데 큰 문제가 없다고 생각하고 이런 역할 놀이를 계속했다.

이 상무는 오 부장이 있어서 손 안 대고 코 풀 수 있을 만큼 복잡하고 골치 아픈 일을 한결 수월하게 처리할 수 있었다. 또한 오 부장 덕분에 이 상무는 직원들에게 능력 있고 싫은 소리 안 하는 상사의 이미지를 확실하게 심어줄 수 있었다. 한편, 오 부장은 직원들의 평판보다는 이 상무가 챙겨주는 확실한 보상에 우선순위를 두었기 때문에 궂은 일을 마다하지 않고 폼 안 나는 일도 자청할 수 있었다. 이렇게 이들은 오래도록 서로 윈-윈 관계를 유지해갔다.

뽑을 때는 학벌이, 키우는 건 충성도가 관건

조직에서는 직원을 뽑을 때는 학벌로 뽑지만 키울 때는 충성도를 보고 키우는 경향이 있다. 리더들은 나를 잘 보필해주면서 나중에 내 뒤통수를 치지 않을 부하들을 찾는다. 또한 나 대신 총대를 매줄 부하를 선호한다. 그리고 설사 그 부하가 다른 사람들에게 인기가 없더라도 자신의 골칫거리 중 일부를 해결해주는 능력을 가졌다고 하면 상사들은 그를 곁에 둘 수밖에 없다. 왜냐하면, 혼자서 북 치고 장구 치는 것보다는 자신이 맡기 싫은 역할을 대신 맡아줄 수 있는 사람을 두는 게 편하기 때문이다. 그들은 역할 분담을 잘해서 훌륭한 콤비가 되는 것이 빠른 길이라는 것을 이미 터득한 사람들이다.

신임 임원은
칼부림을 해서라도
고유 영역을 구축한다

30

:

　　사람들은 돈을 벌었다 싶으면 권력을 얻고 싶어 한
다. 부채가 200억이었던 기업을 인수해 1년 만에 흑자 전환을 해낸
한기풍 대표이사. 짧은 시간 내에 회사를 정상화 시켜놓자 그는 업
계의 주목을 받으면서 자연스럽게 대외 활동도 넓혀갔다. 그렇게 몇
년이 지난 후, 그는 자신이 몸담고 있는 업계를 대표하는 협회의 협
회장으로 추대되었다.

　　한 회장은 2년 간의 회장 임기 동안에 협회의 위상을 높이고 싶
어 했다. 회사 업무와 협회장 활동을 모두 잘하고 싶은 욕심에 그는
주변의 추천을 받아 새로운 박상현 이사를 영입했다. 새 이사에게
주어진 업무는 한 회장의 활동을 전반적으로 챙기면서 회사 업무와
협회 활동이 시너지가 나도록 조율을 하는 것이었다. 협회는 이미
상근 부회장을 중심으로 20여 명으로 구성된 사무국 체제로 운영되
고 있었다. 협회 사무국에서는 한 회장이 자신의 회사 임원을 협회

로 내려보내니 달가울 리가 없었다. 이미 협회에는 상근하고 있는 협회 이사가 있어서 '굴러온 돌'과 '박힌 돌'의 대결에 직원들의 관심이 모아졌다.

협회 직원들 같은 경우는 박 이사에게 겉으로는 우호적으로 대했지만 업무적으로는 비협조적이었다. 직원들이 이런 반응을 보이는 데는 그의 리더십에 두 가지 아쉬운 점이 있었기 때문이다. 하나는 박 이사가 협회 사무국과 함께 뭔가 일을 이루어내려고 한 게 아니고 직원들이 잘하나 못하나를 체크하려고만 들었던 것이다. 또 하나는 협회 임원과 자신간의 역할과 관계를 정립하지 못했다. 좋은 게 좋은 거라고 생각하고 트러블을 일으키지 않기 위해 자신의 업무 영역이나 권한, 책임을 명확하게 확보하지 못한 것이었다. 초반에 사람과 업무를 둘 다 잡지 못한 박 이사는 갈수록 입지가 줄어들었고 자신의 역할을 제대로 해내지 못했다. 이 결과는 그의 리더십과 능력에 대한 의문이 증폭되어 그는 결국 회사도 협회도 모두 떠나게 되었다.

직원들은 임원이라는 타이틀만 보고 따르지 않는다

임원은 '임시 직원'의 약자라는 말이 있다. 위로 올라갈수록 책임감과 부담감, 궂은 일을 처리해야 하는 스트레스가 목을 조른다. CEO는 기대를 하고 그에게 새 자리를 마련해주었는데 자꾸 기존의 직원들과 트러블을 만들어내면 골치 아파한다. 하지만 몇 달 동안은 그 사람이 환경에 적응을 하고 실력 발휘를 할 수 있는 워밍업 기간으로 간주하고 기다려준다. CEO도 새 사람을 데려온 책임이 있기 때문에 초반에 새 사람이 요청하는 사항에 대해서는 지원을 해주려고 노력한다. 연봉도 그렇고 임원이라는 모자도 씌워준다. 마치 이번 야구 시즌에 팀 순위를 올리기 위해 구단에서 용병을 스카우트하는 것처럼 말이다. 이제 연봉 계약도 했고 유니폼도 입혀주었으니 어서 시원한 홈런을 날려주기를 기다리는 심정과 비슷하다.

한편 새로운 임원의 입장에서 보면 일반적으로 한 사람이 한 회사에 소속이 된 상태에서 다른 조직에 관여하는 업무를 겸직한다는 것은 쉽지 않다. 회사에서 이런 자리를 제안 받게 되면 심사숙고 해봐야 한다. 이것이 능력 있는 사람에게 주어지는 기회인지 아니면 함정이 되어 자신의 회사 생활을 위협할 수도 있을지에 대해서 꼭 고민해봐야 한다. 애매한 자리로 갔다가 영영 돌아올 수 없는 강을 건널 위험도 있기 때문이다. 잘해낼 자신이 없으면 고사하는 것도 방법이다. 그래도 다시 얘기가 나오면 그때는 부담스러워도 맡을 수밖에 없다.

좋은 게 좋은 거라고 생각하고 업무 트러블을 일으키지 않고 관련 부서들에게 자신의 권한과 역할을 양보하면 싸움도 없지만 자신의 입지도 없다. 또한 자신의 업무를 맡고 있었던 동료 임원이나 자신의 업무 영역 중에서 경계가 모호한 업무를 사이에 둔 동료 임원과는 각자의 업무 영역을 명확하게 나눠야 한다. 그런데 사람의 심리란 묘해서 자신이 맡기에는 달갑지 않은 일도 새로운 담당자가 나타나면 뺏기고 싶어 하지 않는다. 그래서 새로운 일, 새로운 직책을 맡았으면 업무와 책임 범위를 확실히 하는 것은 기본 사항이다. 또한 신임 임원이라면 솔선수범해서 결과를 직접 만들어낼 수 있는 능력을 보여야 아랫사람들도 그를 신뢰한다. 리더십을 발휘하지 않으면 직원들은 임원이라는 타이틀만 보고 따르지 않는다.

CEO는 권위 빼면 시체다

31

:

　　저돌적인 마정일 대표이사는 한참 새로운 사업 영역을 공격적으로 넓히느라 동분서주했다. 밖으로 나가 일을 벌이는 자신을 대신해 회사 내부를 꼼꼼하게 관리해줄 역할이 필요하다는 것을 인식했다. 그래서 외부 지인의 추천으로 최민욱 부사장을 영입했다.

　　그가 부사장이 된 후, 3개월 동안 그는 이 회사의 문화와 시스템에 적응하려고 노력했다. 일단 직원들을 자신의 편으로 만든 후에 서서히 변화를 주도해갔다. 그가 대표이사와 직원들 사이에서 가교 역할을 매끄럽게 잘해낸 덕분에 직원들이 갖는 회사에 대한 충성도는 높아졌다. 덩달아 회사의 사업도 안정적으로 성장세를 타게 되었다.

　　그러는 동안, 사내에서 그를 누구도 적으로 생각하는 사람은 거의 없었다. 이렇게 아랫사람들로부터 지지를 받는 부사장을 보고 대표이사는 든든해 하는 한편 위기의식까지 느낄 정도였다. 이렇게 약 1년의 시간이 지난 후, 마정일 사장은 개인 신상의 문제로 갑자기 경영 일선에서 물러나게 되었고 대주주는 임시 주주총회를 통해 새로운 전문경영인으로 최민욱 부사장을 대표이사로 선임했다.

직원들은 내부에서 대표이사가 선출된 것을 다행으로 생각했다. 최 부사장의 리더십을 믿었기 때문이었다. 대표이사가 된 이후에도 직원들의 의견을 수렴해서 회사를 발전시켜나가는 방법을 유지할 것이라고 생각했기 때문이었다. 그러나 그 기대감은 오래가지 못했다. 왜냐하면 대표이사가 된 부사장에게서 예전의 모습을 찾아보기 어려웠기 때문이었다. 그에게 주어진 역할이 달라졌기 때문에 부사장은 회사를 운영하는 방식도 바꾸었던 것이다. 직원들은 부사장이 대표이사가 되더니 이전의 대표이사들과 하나도 다를 게 없다고 푸념을 늘어놓았다.

자리가 달라지면 사람이 변하는 게 아니라 방식이 바뀐다

CEO의 자리에 오르면 다 똑같아진다는 말을 한다. 자리가 사람을 만든다는 말이 괜히 생겼겠는가. 어느 자리에 있든 사람을 대할 때 늘 한결같은 사람은 사실 찾아보기 어렵다. 안 그럴 것 같은 사람도 이상하게 그 자리에 가면 권위적으로 바뀐다. 부사장 때와 같은 리더십을 사장이 되어서도 똑같이 보인다면 오히려 그것이 바람직하지 않다. 사람이 변했다고 비난할 필요도 없다. 당신도 CEO 자리에 오르면 그렇게 바뀐다. 지지 세력이 많은 정치인이라도 대통령이 되면 욕을 먹는 것과 마찬가지이다. CEO도 그런 자리이다. CEO의 자리는 권위를 먹고 사는 자리이다. 그들은 조직에서 사랑보다는 존경을 받고 싶어 한다.

이제 막 CEO가 된 사람의 입장에 서보면, 당신도 그들의 변화를 이해할 수 있을 것이다. 전문경영인으로 고용되어서 자신에게 사장이라는 직책이 주어졌다. 다시 말해, 자신에게 주어진 권한과 책임이 부사장 때에 비해 훨씬 더 커졌다는 것을 의미한다. 따라서 매 순간 선택을 할 때마다 느껴야 하는 중압감도 자연스럽게 커진다. 매 분기, 매 년 단위로 달성해야 할 경영실적을 내놓지 못하면 CEO는 당장 해고된다. 따라서 매 순간이 살얼음판이다. 여유와 배려가 점점 없어져가는 것은 당연한 일이다. 신임 CEO는 자신에게 주어진 역할이 달라졌기 때문에 그 역할을 충실히 잘 수행해내기 위해서는 접근 방식도 바꿔야 하는 게 당연하다. 그 사람 자체가 변했다기보다는 방식이 변했다고 보는 게 맞을 것이다.

위기 상황에서는 CEO와 함께 고통 분담을

사실 요즘과 같이 기업하기 어려운 상황에 당신의 회사가 아직 건재할 수 있는 것은 그래도 CEO가 제 역할을 하고 있다는 증거이다. 누가 대표이사를 하든 상관없다는 방관자적인 입장보다는 CEO

의 편에 서는 게 당신도 살고 회사도 살고 CEO도 사는 방법일 것이다. 이를테면, 나도 회사에 그리고 CEO에게 보탬이 되는 존재가 될 수 있는 방법이 무엇일까를 생각해보는 것이 훨씬 생산적일 것이다. 오히려 위기 상황에서는, 나 자신이 CEO와 고통 분담을 할 수 있을 만한 역량 있는 인재로 성장할 수 있는 기회라고 생각하고 힘을 합치는 것이 현명한 사람들의 발상이다.

현명한 리더는
조직을 공부시킨다

32

:

평범한 샐러리맨으로 시작해서 외국계 기업의 임원, 대표이사를 거쳐 정부 산하기관의 국장으로 자리를 옮긴 여민준 씨. 그는 부임하자마자 새로운 조직에서 문화적인 충격을 크게 받았다. 일단 일반 기업과 정부 기관의 다른 점, 외국계 조직과 국내 조직의 다른 점 등을 느끼면서 조직의 발전을 위해서는 변화가 절대적으로 필요하다는 것을 절감했다. 일의 방식과 태도에 있어서 그와 직원들 사이에는 상당한 거리감이 존재한다는 것을 인정하지 않을 수 없었다.

도전 정신이 투철한 여 국장은 자기 휘하에 있는 직원 50여 명을 대상으로 교육을 실시하기로 마음먹었다. 일단 일에 대한 접근 방법, 업무 철학, 용어와 이론에 대해 서로의 눈높이가 맞아야 지시를 해도 제대로 이해를 하고 결과물이 나올 수 있다고 생각했기 때문이다. 자신이 이전에 교육을 받았던 외부 교육업체에 의뢰해서 6개월 동안 근무 시간 후에 세 시간씩 매주 1회 직원들이 의무적으로 강의를 듣도록 했다. 주로 외국계 기업이나 국내 리딩 기업들의 앞선 기업문화, 전략적 사고의 훈련 방식, 변화 관리와 자기계발의 필요성에 대한 내용이었다.

처음에는 업무하기도 바쁜데 교육까지 매주 들어야 하는 것에 대해 불평하는 직원들도 많았다. 새로 부임한 상사 때문에 조직 내에 전례 없는 공부 바람이 부는 것에 대한 부담감도 있었다. 하지만 시간이 지날수록 직원들은 달라졌다. 강의를 들을수록 국장과의 소통이 원활해지는 것을 느꼈기 때문이다. 따라서 직원들은 업무를 제대로 해내기 시작했을 뿐만 아니라 개인적으로도 자신의 경쟁력이 향상된다는 것에 자신감을 느끼게 되었다. 이로서 여 국장은 직원 교육을 통해서 두 마리 토끼를 동시에 잡은 셈이었다.

리더들은 학습이 변화를 가져온다고 생각한다

이번에는 30대 중반의 한 대표이사의 이야기이다. 운동권 출신인 그는 대학 때부터 사업을 시작해 이제는 매출 100억 규모의 사업체를 운영한다. 또한 해외에도 법인체를 가지고 있는 젊은 CEO이다. 회사가 안정기에 들어가자 그는 눈을 회사 밖으로 돌려 여러 최고경영자 과정을 찾아다니며 공부했다. 자신이 들어보고 만족스러운 과정이면 자기 회사의 임원들도 수강할 수 있도록 지원했다. 이는 임원을 경영자의 눈높이로 끌어올려 윈-윈 할 수 있는 방법이라고 생각했기 때문이다. 이런 문화에 익숙한 임원들은 또 자신의 부하들을 끌어올리려고 노력했다. 이 회사는 직원들의 학습하고 자기 계발하려는 의지를 회사 차원에서 지원하는 시스템을 정립해서 꾸준히 가동한 결과, 성장세를 거듭할 수 있었다고 한다.

삼성의 이건희 회장도 기업을 키우기 위해 '강의'를 선택한 인물이다. 그는 1980년대 후반 회장 취임을 한 이후 약 5년 동안은 직원들에게 1,200시간을 직접 강의하는 데 시간을 할애했다고 한다. 삼성을 변화시키기 위해서는 강의를 통한 의식 변화가 선행되어야 한다고 판단했기 때문이다. 이때 강의한 분량은 200페이지 책으로 따지면 45권이나 될 정도라고 한다.

현명한 리더들은 마른 걸레 쥐어짜듯이 직원들에게서 빼먹는 것에만 연연해하지 않는다. 그들은 조직과 직원이 함께 성장할 수 있는 방법을 모색하고 함께 변화할 준비를 한다.

33

리더는
덕담과 칭찬의
달인들이다

배준호 부장은 덕담과 칭찬의 힘을 아는 사람이다. 그는 자신에게는 매우 엄격한 사람이지만 부하들에게는 따뜻하고 든든한 사람이다. 오히려 상사들에게는 바른 소리를 하지만 아래 직원들은 든든한 울타리처럼 넉넉하게 품어주는 스타일이다. 그래서인지 그를 따르는 부하들은 유난히 많았다.

조직에서 물을 먹었거나 뒤통수를 맞았거나 억울한 일이 생기면 배 부장에게 하소연하는 후배나 부하들이 많았다. 그럴 때마다 그는 "큰일 할 사람이 그런 작은 일에 연연하고 그러나" 또는 "자네가 그만큼 주목받는 인물이니까 그런 일도 생기는 거라고. 큰일 하려면 이런 일도 겪는 거야" 또는 "자넨 실력이 있는데 무슨 걱정인가. 괜한 일에 일일이 신경 쓰지 말게"라며 후배들의 처진 기운을 북돋아주곤 한다. 그가 하는 응원의 말은 후배들의 베인 마음에 빨리 새살이 돋아나게 하는 묘한 약효를 가지고 있었다. 자신의 가능성을 인정해주는 상사나 선배가 있다는 것만으로도 후배들에게는 큰 힘이 되었고 결국에는 그를 의지하게 되었다.

또 그는 칭찬이 부하들을 춤추게 한다는 것도 잘 알고 있었다. 주로 부하를 칭찬할 때는 그 면전에서 하기보다는 부하가 없는 자리에서 했다. 외부 사람들을 만날 때에도 부하들의 강점과 특징을 콕 집어서 칭찬하는 편이었다. 이로서 그는 외부인들에게는 유능한 부하들을 둔 것에 대한 부러움을 얻고 칭찬을 받은 부하에게는 충성심을 얻었다.

간혹 부하들 중에서는 실수를 하거나 일을 그르치는 사람도 있었다. 그는 부하가 잘못한 일이 있다면 그것은 자신에게도 절반은 책임이 있다고 생각했다. 고의적으로 일을 망치거나 실수를 한 것이 아니기 때문에 부하 혼자 불이익을 보지 않도록 했다. 한편, 부하를 따로 불러서 실수한 부분에 대해서는 따끔한 지적도 잊지 않았다.

동료들은 배 부장에게 부하들을 너무 감싸주면 상사를 우습게 본다며 우려의 시선을 거두지 않았다. 그런데 얼마 전에 예상치 못한 일이 생겼다. 회사에서 조직 개편을 하면서 배 부장의 부서가 다른 부서에 밀리게 되어 존폐가 위태로워지게 되었다. 이에 배 부장은 회사를 그만둘 생각까지 하고 있었다. 그러자 부하들 중의 몇몇이 나서서 배 부장이 회사를 그만두면 자신들도 그만두겠다고 회사 측에 통보를 했고 회사 측에서는 팀의 규모를 줄이는 정도로 하고 부서 통합은 하지 않았다. 이 일로 인해 배 부장과 부하들의 단결력은 한층 더 단단해졌다고 한다. 배 부장은 이번 일을 통해 아랫사람들이 받쳐주는 힘에 대해 다시 한 번 생각하게 되었다고 한다. 윗사람의 힘을 얻으면 빨리 올라갈 수는 있지만 언제 그 힘이 움직일지 몰라 불안할 수밖에 없다. 반면 아랫사람의 힘을 얻으면 위로 오르기는 힘들겠지만 그 힘은 든든한 버팀목이 되어줄 수 있다는 것을 깨달았다고 한다.

격려와 덕담은 쓰러진 사람을 일으키는 말이다

'큰일 할 사람'이라는 말을 남에게 들으면 인사치레라고 생각하면서도 공연히 기분이 좋아지는 게 인지상정이다. 조직 생활에서 이말 만큼 격려가 되는 말이 없는 듯하다. 처진 어깨에 힘이 들어가고 자신감을 불러일으키며 절망과 낙담의 수렁에서 사람을 건져내는 말이기도 하다. 바로 리더들이 아랫사람이나 동료들을 격려할 때 쓰는 말이기도 하다.

여성 임원의
리더십은 늘
심판대 위에 오른다

34

기업 혁신을 위해 A사가 장진희 여성 부사장을 영입하겠다는 발표를 했을 때, 직원들의 관심은 그녀가 어떤 사람인지에 대해 집중되었다. 보수적인 문화를 가지고 있는 A사가 여성 임원을 영입해서 대표이사 다음으로 높은 직급을 준다는 사실은 꽤 충격적이었기 때문이었다. "도대체 어떤 스펙을 가졌기에 회사 측에서 이런 파격적인 스카우트를 단행하는 것일까? 이전에 다녔던 회사들도 전부 다 빵빵하다며? 해외에서 유학하고 현지 다국적 기업에서도 임원이었다면서? 대주주하고 잘 아는 사이라며?" 등의 정확하지도 않은 정보들을 꿰어 맞추며 직원들은 수군거렸다.

직원들의 대화가 계속될수록 여자 부사장에 대한 기대감은 우려감으로 바뀌어갔다. "우리 회사에 있는 일곱 명의 남자 임원들 틈바구니에서 여자 임원이 혼자서 잘 버텨낼 수 있을까? 부사장이 아무리 직급이 높다고 해도 마초주의에 익숙한 남자 임원들이 고분고분

말을 잘 듣겠어? 그리고 아무리 임원들 사이라지만 텃세가 왜 없겠어? 기존 임원들은 벌써부터 예민해 있다면서? 윗자리들끼리 힘겨루기 하면 그 불똥이 애꿎은 우리한테까지 튀는 거 아냐?"

직원들은 부사장이 여성으로서 여러 기업에서 임원으로 근무했던 경력을 바탕으로 대략 어떤 사람일 것이라는 그림을 그렸다. 그녀는 대단한 일 중독자이며 냉정하고 세련된 이미지를 가졌을 것이고 빈틈없이 완벽한 일처리를 할 것이 틀림없다고 속단했다.

그러나 부사장이 취임한 지 얼마 되지 않아, 직원들은 알게 되었다. 자신이 생각했던 부사장의 이미지와 실제 부사장의 모습에는 매우 큰 차이가 있다는 것을. 오히려 그녀는 직원들에게 대학 시절에 친하게 지내던 털털한 여자 선배처럼 진솔하고 편안하게 대해주었기 때문이다. 이에 임원들은 물론이거니와 직원들도 금세 그녀에 대한 마음의 빗장을 풀었다.

하지만 출근한 지 약 4개월이 지난 후부터, 그녀는 서서히 회사에 변화를 주기 시작했다. 그리고 6개월이 지난 후에는 세 명의 임원이 사표를 썼다. 1년이 지난 후에는 장 부사장이 신임 대표이사로 취임했다. 또, 그녀가 입사한 지 2년이 지난 후에는 한 명의 임원을 빼고는 전부 교체되었다. 임원진이 바뀌게 됨에 따라 기업은 커다란 용트림을 했고 아직도 기업 혁신이라는 명분 하에 꿈틀거리고 있다.

신임 임원들은 조직을 장악하기 위해
조직원들의 경계심부터 깬다

위의 사례를 통해 우리는 새로운 회사에 혈혈단신으로 들어가 조직을 장악하고 조직도의 최고 자리에 오르는 방법을 벤치마킹할 수 있다. 우선 신임 임원은 새로운 회사의 임직원들이 가지고 있는 경계심이나 심리적인 장벽을 없애기 위해 애쓴다. 그러기 위해서는 누가 손 내밀기 전에 먼저 다가가 친해지려고 노력하는 모습을 보인다.

이렇게 경계감과 거부감을 친근감으로 바꾼 뒤에는 누구의 말이든 잘 경청한다. 그리고 다양한 부서의 다양한 직급의 직원들과 많이 만날 기회를 갖는다. 각자 직원들의 애로점은 무엇인지 그들이 바라보는 회사의 개선점은 어떤 것인지 등을 듣다 보면 그들 상사의 비리나 약점까지 얘기가 나오게 된다. 특히 거추장스러운 임원들에 대한 불만과 비리는 꼼꼼하게 파악해둔다. 한편, 직원들의 입장에서는 자신의 의견을 열심히 경청하는 임원의 모습에서 친근감을 느끼게 된다.

이렇듯 맨몸으로 회사에 들어와 사내 곳곳에 자신의 우호 세력을 서서히 만들어간 후에는 본격적인 행동 개시에 들어간다. 여러 직원들을 통해 입수한 임원의 치명적인 비리나 약점 혹은 직원들의 불만을 해당 임원에게 직접 밝힌다. 그러면 해당 임원들은 그에 대한 책임을 지고 스스로 물러난다. 특히 눈에 거슬리는 임원부터 차례차례 정리해나간다.

이렇게 해서 생긴 자리에는 확실하게 내 편이 되어줄 새로운 피를 조직에 수혈한다. 전 직장의 부하든, 경쟁사의 잘나가는 임원이든, 다른 지인의 소개를 받든 요소요소에 자신이 믿을 만한 사람을 심어 놓는다. 이렇게 자기 진영을 탄탄하게 구축한다.

여자 리더들에게 한 번 적은 영원한 적이다

남자 임원들과 여자 임원들의 용병술을 보면 큰 차이를 보인다. 남자들에게 있어서는 영원한 적이란 없다. 언제든지 아군이었던 사람이 적이 될 수도 있고 서로 적대적이었던 사람끼리 하나의 목표를 위해 같은 편이 되기도 한다. 그래서 그들은 자신이 언제 어느 때 어떻게 될지 모르기 때문에 적을 절벽 끝까지 몰아가지 않는다. 한마디로 도망갈 틈을 주고 쫓는다. 그리고 내 맘에 들지 않는 사람이라도 그 사람의 능력은 객관적으로 평가하는 경향이 있다. 다시 말해, 재수 없는 사람이라고 생각해도 잘한 건 잘했다고 인정해준다. 그리고 성장을 할 기회를 준다.

하지만 여자 임원들은 조금 다르다. 사람과 일을 하나로 묶어서 보는 경향이 있다. 그 사람이 싫으면 그가 어떤 일을 하거나 어떤 좋은 결과를 내놓아도 잘했다고 인정하지 않는다. 몇 안 되는 지기 편 사람들의 말에만 귀를 기울인다. 실사 손해를 보더라도 마음 속에서 내놓은 사람에게는 기회를 주지 않는다. 타협하지도 않고 동맹은 기대해 볼 수도 없다. 정글의 세계에서 여자 리더들에게 '한 번 적은 영원한 적'이기 때문이다.

여자 상사에게 신뢰를 얻는 사람들의 공통점

- 남자 상사보다 더 깍듯하게 대한다.
- 술 마시고 죽자 식의 회식문화를 다양한 형태의 행사로 바꾼다.
- 흡연실이나 술자리 등에서 얻는 비공식 정보를 제공한다.
- 업무 얘기 이외에도 자녀에 관한 대화를 통해 정서적인 친밀감을 높인다.
- 자신만의 리더십을 발휘할 수 있도록 적극적으로 지원한다.

현장 인터뷰 5

리더라면 조직에서
세컨드 맨을 키우세요

신승원 (디자인하우스 디자인사업본부 본부장)

디자인 외길 22년.
고3 수험생 엄마이면서 기획과 영업을 동시에 진행하는 진정한 멀티플레이어

그녀는 디자인 외길을 22년째 걸어온 고집쟁이 직장인이다. 매년 코엑스에서 열리는 '서울리빙디자인페어' 행사를 성황리에 이끌어 온 총괄감독이 바로 그녀이다. 업무 특성상 일 년에도 수차례씩 해외 출장을 다니고 여성 임원으로서 행사 영업과 전시 기획 업무를 동시에 진행하는 그녀지만 고3 수험생 아들이 있는 가정으로 돌아가면 집안일을 도맡아 하는 가정주부로 변신한다. 진정한 멀티 플레이어라는 말이 잘 어울리는 여성 리더이다.

자신의 일을 단순한 직장 생활이 아닌 사회적인 공헌으로 승화해서 갖게 된 자부심, 그리고 여성임원으로서 가지는 리더십에 관한 철학 등은 그녀가 아니면 들려주지 못할 값진 경험담이다.

Q1. 디자인 업계에서만 오래 종사하셨는데
어떤 일을 해오셨는지 상세히 설명해주세요.

제 경력을 뒤돌아보면, 제가 어느 곳에 있든지 디자인, 브랜드, 트렌드의 3박자는 빠지지 않았던 것 같아요. 대학을 졸업하고 첫 사회생활을 시작한 곳은 '한목디자인' 이라는 가구 회사였어요. 가구 디자인과 제작을 하는 회사였죠. 그 회사에서는 가구뿐만이 아니라 주거나 인테리어에 대한 디자인에 대해서도 많이 배웠었죠. 그때를 생각하니 '버거킹 인테리어' 를 기획했던 일이 생각나네요. 그렇게 3~4년 근무하다가 옮긴 회사가 '일경' 이라고 게스 청바지를 수입하는 의류 회사였어요. 이쪽 의류회사에서는 사장님과 해외 출장을 다니면서 소비 문화와 관련되는 각종 브랜드에 대해 많이 접했었죠. 브랜드 마케팅에 대해서도 많이 배웠죠. 입사했을 때는 게스 매장이 세 개였는데 퇴직할 때쯤 되니 전국에 매장이 퍼지도록 회사가 커나갔으니까요. 회사를 키워가는 데 일조한다는 보람으로 신바람 나게 일했죠. 그리고 10년 근속상을 받고 지금의 '디자인하우스' 로 옮겼어요. 보통 디자인하우스에 다닌다고 하면 「행복이 가득한 집」이라는 잡지를 먼저 연상하시는데 저는 전시 사업을 맡고 있습니다. '서울리빙디자인페어' '서울디자인페스티벌' 등의 전시 행사를 매년 기획하고 진행하고 있죠. 2002년도에 처음 입사했을 때만 해도 국내 디자인 프로모션 전시 분야나 컨벤션 분야가 척박했었는데 입사 2년 만에 서울리빙디자인페어를 국제적인 전시 행사로 성장시키고 두 배 이상 성장시킨 것을 뿌듯하게 생각합니다.

Q2. 직장 생활을 하면서 가장 보람을 느꼈던 일,
성취감을 느꼈던 일은 무엇입니까?

저 같은 경우는 단순히 회사 내에서 직장인으로서 느끼는 성취감보다는 제가 하는 일이 산업과 사회에 미치는 사회적인 일이라고 생각해서 책임감과 함께 자부심도 느낍니다. 이를테면, 디자이너와 디자이너, 기업과 기업, 디자이너와 기업 등을 연결하는 전시 사업을 통해 산업을 지원하여 성공적인 비즈니스를 이끌어내고 있다는 것을 꼽을 수 있습니다. 또한 매년 트렌드를 선도하는 서울리빙디자인페어 행사를 국내외에 홍보하는 동시에 일반 대중의 생활 안목과 수준을 높이는 데도 기여하고 있다고 생각합니다. 총체적으로는 국내 생활디자인 산업의 도약을 위해 역할을 수행하고 있다는 것에 대해 성취감과 보람을 동시에 느끼고 있습니다.

Q3. 행사 기획과 행사 영업 업무를 함께 맡아서 진행하는
흔치 않은 여성 임원이신데 업무를 대하는
자신만의 마음가짐이나 철학에 대해 알고 싶습니다.

저는 일을 할 때 몇 가지 요소를 감안합니다. 그 일로 인해 재미가 있는가, 성장의 토대가 되든가, 돈을 많이 벌 수 있다든가, 사회적으로도 의의가 있고 보람을 느낄 수 있는지를 생각해보죠. 그중 하나라도 만족시키는 일이면 적극적으로 추진하는 편입니다. 제 업무의 경우는 거대한 규모의 행사를 개최 · 운영하는 업무이다 보니 기획뿐만이 아니라 영업에도 신경을 많이 써야 해요. 저에게 있어서의 영업 업무란 고객사들의 전시 협찬금을 이끌어내는 것인데 단순히 명칭 후원의 차원으로 끝나지

않게 그 회사의 그해 가장 중요한 프로모션 마케팅 전략과 연계하고 디자이너 또는 아티스트들과의 공동 전시 이슈를 만들어내도록 도와 홍보의 극대화를 이끌어내는 역할을 합니다. 영업 업무를 보면서도 저는 접대를 안 하는데 그래도 일을 성공적으로 추진해나갈 수 있는 것은 고객사들의 브랜드 가치를 높여주는 역할을 선도적으로 하고 있어서일 거라고 생각합니다.

Q4. 여성 임원으로서 자신의 리더십 스타일에 대해서는 어떻게 생각하시나요?

이 질문을 받으니까 2002년도에 디자인하우스 사장님과의 인터뷰 때 받았던 질문이 생각나네요. "당신은 어떤 리더가 되고 싶나"라는 질문이었어요. 저는 주저 없이 "실력을 갖춘 덕장"이라고 대답했던 기억이 나네요. 저 같은 경우는 남다른 리더십을 발휘한다고 자부할 수는 없지만 제나름의 원칙은 가지고 있지요. 직장 생활을 하면서 책임 있는 자리를 맡게되면서 자신의 능력을 인정받는 일만큼이나 중요한 일은 후배를 키우는일이라고 생각합니다.

저는 아랫사람들에게 먼저 다가가려고 노력해요. 제 직속 팀장들의 경우는 부하라는 생각보다는 동료로서 대하고 존중하려고 노력합니다. 그 사람이 자신의 업무에 대해 책임 의식을 느끼고 자신의 열정을 발산할 수 있도록 자신감을 주고 믿어주는 편입니다. 물론 시간이 조금 더 디게 걸리더라도 이렇게 호흡을 맞추다 보면 자타가 공인하는 환상의 커플이 되죠. 업무적으로도 인간적으로도 신뢰할 수 있는 관계가 되면 일을 더 잘 풀어나갈 수 있거든요. 저는 팀장들에게도 아래 직원들과 환상의 커플을 만들라고 얘기하곤 합니다. 조직 생활에서 직속 상사와 직속 부하와의 좋은 관계 정립은 성공적인 비전을 추진할 수 있는 기회가 될 수 있답니다.

Q5. 인맥이 상당히 넓으신 것으로 알고 있습니다. 사람들을
내 편으로 만드는 방법이나 원칙은 어떤 것이 있을까요?

업무적이든 사적인 인간관계든 저는 '나를 만나자고 하는 사람들을 최대한으로 도와주자'는 주의예요. 사람들이 친해지는 데는 두 가지 방법이 있는 거 같아요. 함께 어려운 일을 겪어냈다든가 아니면 자신의 사적인 부분을 공유해서 친해지든가. 저는 전자에 속하는 것 같아요.

'남이 잘되게 하는 비즈니스를 하라.' 이 말은 제가 모신 몇 분 안 되는 CEO들의 공통된 철학이라서 항상 기억하고 실천하려고 합니다. 일단 저는 당사자의 입장에 서서 머리를 맞대고 그 사람의 고민이나 어려움을 같이 고민하죠. 그래서 더욱 적극적이고 자발적으로 남들에게 아이디어나 해결책을 주려고 노력합니다. 별 뾰족한 수가 없을 때에는 열심히 들어주며 공감하려는 노력이라도 하죠. 이렇게 하다 보니 처음에는 까다롭게 굴던 업계 분들도 이제는 조건이나 환경이 아니라 저의 의견을 믿고 따라줄 때 보람을 느껴요. 제가 그들 편이라는 것을 아는 거죠. 그러다 보면 어느덧 저도 배우고 있다는 걸 깨닫곤 하지요.

사내에서 부하들을 대할 때도 비슷한 거 같아요. 열정을 가지고 잘해보려고 노력하고 또 질문하는 부하를 보면 너무 예뻐 보여요. 이런 부하에게는 관심을 갖고 자주 대화를 나누고 코치를 하며, 또 제가 다른 사람들의 역량과 강점을 잘 발견하는 편이라 그들의 비전에 대해 의견을 주고 많이 고민해주는 편이에요. 선물을 잘 챙기거나 기념일을 잘 챙기는 편은 못 되지만 이런 상호 협조적 방식이 제 스타일인 것 같아요.

Q6. 가정 생활과 회사 생활을 병행하시면서
어려운 점은 어떤 게 있나요?

1년에 국내외의 큰 행사 세 개를 맡아서 진행하는 데다가 요즘은 지방자치제 관련된 지원 업무까지 확대되어서 1년에 해외 출장과 국내 출장을 자주 다니는 편이에요. 바깥일 하는 것만도 몸이 부족할 정도죠. 그런데 저 만큼이나 바쁜 남편과 더 바쁜 고3 아들과 함께 친구처럼 의지하며 생활하고 있어요. 집안일은 남의 도움을 거의 받지 않고 제가 맡아서 해요. 그러다 보니 시간 강박증이 생긴 것 같아요. 집안일도 하고 회사 일도 해야 하니 한정된 시간을 어떻게 안배하고 어떻게 하면 집안일을 빨리 처리할 수 있을지에 대해 계산하는 편이에요. 양쪽 생활을 병행하는 것이 어려운 일일 수도 있지만 이전에도 잘해왔고 앞으로도 잘해낼 수 있다고 생각해요. 그런 확신을 가질 수 있는 건 남편과 아들의 정신적인 후원 덕분이에요. 가족들은 제 일에 대해 마음속으로 존중해주고 후원해주죠. 그것만으로도 저에게는 큰 힘이 돼요.

Q7. 여성 관리자 후배들에게 하고 싶으신 말씀이 있으시다면?

저는 제 팀장들에게 자신의 업무철학과 실력을 전수할 세컨드맨을 키우라고 자주 얘기하는 편입니다. 리더가 되고 싶은 사람은 업무 못지않게 후배를 키워내는 일도 중요하다고 생각하거든요. 사람을 길러내는 일이 어렵지만 내가 가지고 있는 실력과 철학을 전수할 수 있는 후배를 만들어내는 일은 값진 일이죠.

또 한 가지는 '겸손한 실력자가 돼라'고 말해주고 싶어요. 아무리 학벌 좋고 능력이 좋아도 자신이 하는 일에 성의가 부족하고 자신만의

철학이 없고 조직 생활에서 겸손하지 못하면 오래가기 어렵다고 보기 때
문이죠.

성공은 도달하는 것이 아니라
유지하는 게 관건 아닐까요?

김영찬 (NHN 글로벌사업개발실 실장)

외국계 기업에서 시작해 사업가로 다시 국내 기업으로 간 제너럴리스트

현재 온라인 포털업계의 대표 기업인 NHN에서 근무하는 김영찬 실장은 사회생활 19년차의 IT업계 토박이이다. 외국계 기업에서 시작해 사업가로 다시 직장인으로 돌아간 제너럴리스트이다. 그래서 비즈니스 환경에서 생겨나는 현상이나 관계를 바라보는 그의 관점은 남다르게 넓고도 깊다. 객관적인 시각이 필요할 때 찾아가고 싶은 선배로서 제격이다.

한편, 그를 떠올리면 빼놓을 수 없는 게 바로 책이다. 경제경영이나 자기계발 분야의 서적을 읽고 정리를 하는 게 그의 취미이기도 하다. 몇 년 전 『직장인의 전략적 책읽기』라는 책을 출간하기도 했다.

Q1. 지금까지의 직장 생활을 업무 중심으로
간략하게 소개해주시겠습니까?

제가 첫 직장 생활을 시작했던 곳은 외국계 IT회사의 마케팅 부서
였습니다. 제품마케팅 매니저로 근무하면서 전략기획, 조사 분석 및 사업
개발 업무들을 담당했습니다. 그리고 1990년대 말 벤처 붐이 불 때 지인들
과 함께 세 개의 벤처회사를 설립해서 직접 운영한 경험도 있습니다. 회사
를 경영하는 게 너무 힘이 들어서 진로를 모색하다가 다시 직장 생활을 하
기로 결정했죠. 그래서 새로운 블루오션으로 일컬어지는 온라인 게임회
사의 전략기획팀장으로 직장 생활을 다시 시작했습니다. 여기서는 주로
기업전략기획, 퍼블리싱전략 및 기획, 글로벌파트너십, 그리고 M&A 관련
업무를 담당했습니다. 이러한 경험을 좀더 확대하기 위해 온라인 게임과
온라인 검색포털 업무를 동시에 경험할 수 있는 현재의 회사로 다시 옮겼
습니다. 이 회사에서는 글로벌 시장 개발을 위한 전략 수립 및 시장 분석,
글로벌 시장 진출 방법론 개발 및 타당성 분석, 잠재적인 파트너 탐색 등
글로벌 사업 개발에 관련된 업무를 맡고 있습니다.

Q2. 직장 생활을 하면서 가장 보람을 느꼈던 일은 무엇입니까?

첫 직장에서 근무할 때가 먼저 생각나는군요. 그 당시 저는 군대를
막 제대하고 입사했던 시절이었는데 제가 담당했던 제품이 단일제품으로
는 그 회사 내에서 두 번째로 많이 팔린 기록을 세운 적이 있었습니다. 그
리고 벤처회사를 운영할 때는 아시아 지역 및 북미에 있는 아시아인들을
아우르는 포털을 기획한 사업계획서를 가지고 골드만삭스, 소프트뱅크
등과 같은 글로벌 벤처캐피털에서 투자를 유치했던 일이 기억에 남습니

다. 그리고 지금은 HP에 인수됐지만 컴팩이 중심이 되고 마이크로소프트 등이 후원했던 igniteasia라는 벤처캐피털에서 주최하는 비즈니스플랜 경진대회에서 우승했던 것이 가장 보람 있는 일이었습니다.

Q3. 직장 생활을 하면서 가장 힘들었던 때는 언제입니까?
어떻게 극복하셨나요?

사실 사회생활을 하면서 정말 힘들었을 때는 사업을 했을 때였던 것 같습니다. 그런데 이보다 현실적으로 더 어려웠을 때는 벤처를 접고 새로운 진로를 찾아야 했을 때였습니다. 당시까지는 실패를 한 번도 경험해본 적이 없는 때라 잠시 공백기를 갖는 동안 이 난관을 어떻게 헤쳐나가야 할지 겁이 덜컥 났거든요. 하지만 가만히 있을 수는 없는 터라 스스로 세 가지 실행원칙을 정하고 미련하리만큼 꾸준히 노력했습니다. 그 세 가지는 '1주일에 무조건 책 한 권을 읽는다' '1주일에 한 번 산행(청계산)을 한다' '가족에 최선을 다한다' 였습니다.

그 당시 책은 1주일에 네다섯 권씩 읽었죠. 이때 정말 많은 책을 읽으면서 인생을 되돌아보고 스스로의 삶에 대한 통찰력을 가지게 된 것 같아요. 그리고 산행은 건강이 최우선이라는 생각이 들어서 시작하게 되었지요. 산행을 할 때는 고민거리들을 가지고 정상에 오르는데 하산을 할 때쯤에는 생각이 정리되어서 나름의 대책을 마련하게 되더군요. 훈련이 되다보니 점점 하산을 할 때는 한두 개의 이슈를 가지고 집중적으로 고민하면서 내려오는 습관이 길러졌습니다. 이렇게 생각하고 활동하다보니 복잡했던 문제들이 해결이 되었습니다. 한편, 사업을 시작하면서부터는 가족들에게 소홀해졌는데 이를 만회할 수 있는 노력을 했습니다. 주말에 함께 할 수 있는 시간을 늘리고 가족월간회의라든가 가족상장주기 같은 자체 행사도 만들어서 공감대를 넓혀갔습니다. 뒤돌아보면, 가장 어려울 때가 가장 소중한 것들을 발견하는 시기가 아닌가 싶습니다. 또 힘든 상황에서 긍정적인 태도를 가지니까 나름의 답을 찾을 수 있었던 것 같아요.

Q4. 당신이 생각하는 '리더십'이란 무엇입니까?

제가 생각하는 리더십은 자신의 주변에 있는 가까운 사람을 계속 잡고 있을 수 있는 능력이라고 봅니다. 어느 조직이든 리더가 되려면 그를 따르는 사람이 많으면 많을수록 그 힘은 배가 되는 게 현실입니다. 공자는 오래전에 가까운 사람을 잃지 말라는 뜻으로 불실기친(不失其親)이라고 말했다고 합니다. 그의 철학은 요즘과 같은 시대에 더욱 요구되는 리더십의 덕목이 아닐까 하는 생각이 듭니다. 즉 집토끼와 산토끼 중 어느 토끼가 더 중요할까요. 아마도 산토끼가 중요하다고 생각하는 사람은 거의 없을 것입니다. 하지만 실제 행동에 있어서는 집토끼보다는 산토끼를 더욱 중요시하는 사람이 적지 않습니다. 집토끼를 돌보지 않고 산토끼를 쫓다 보면 집토끼까지 집을 나가버려 둘 다 잃게 되는 경우도 생깁니다. 그러나 집토끼를 잘 대해주면 집토끼가 산토끼를 데리고 와서 식구가 불어나기도 합니다.

Q5. 당신이 생각하는 '성공'이란 어떤 것입니까?

다른 사람들은 어떻게 생각하는지 모르겠지만 제가 생각하는 성공은 이렇습니다. 만약 현재 스스로가 처해져 있는 상황에 대해 만족감이나 행복감을 느낀다면 지금의 만족하고 있는 상황을 어느 정도 지속시킬 수 있느냐가 성공의 척도라고 생각합니다. 즉, 자신이 만족하는 현재의 상황을 길게 유지할 수 있는 사람이 성공한 삶이라는 말이지요. 그렇기 때문에 성공했느냐 안 했느냐가 문제가 아니라 현재도 만족스러운 상황을 유지하고 있느냐 혹은 지금은 아니냐의 문제라는 말이지요. 그러니까 덜 성공한 삶을 살고 있는 사람은 여러 가지 방법이나 길을 찾아서 그 지속 기간을 길게 만들 수 있도록 노력하면 그것이 성공의 길로 갈 수 있는 방법이 아닐까요?

Q6. 성공적인 직장 생활을 하기 위한 당신만의 원칙이 있습니까?

저는 어떤 목표를 가지고 살아가는 것과 그렇지 않은 것과는 너무나 큰 차이가 난다고 봅니다. 그래서 저 같은 경우는 제 주위의 환경을 감안해 다섯 가지 F로 목표의 방향을 설정했습니다. 이른바 '5Fs 인생설계 프레임워크' 라고 부릅니다. 제가 원하는 만족스러운 인생을 살기 위해서 다음의 항목에 대해서는 관리를 해야 한다고 생각합니다.

첫째는 Faith(가치관 확립)입니다. 스스로 가치관을 확립해두지 않으면 의미 있는 일을 할 수 없습니다. 그렇기 때문에 우리는 가치관을 확립할 수 있는 활동들을 해야 한다고 봅니다. 저의 경우는 독서와 멘토로부터의 조언에 비중을 많이 두는 편입니다.

두 번째는 Family(가족)입니다. 가장 중요하지만 가장 소홀하기 쉬운 존재가 가족입니다. 행복한 가정을 꾸미는 데에도 노력하고 있습니다.

세 번째는 Friendship(대인관계)입니다. 우리 인생의 큰 축을 형성하는 것이 대인관계라고 생각해서 가장 효율적인 대인관계를 만들고 지속해가는 계획이 필요합니다.

네 번째는 Financial(재정적인 독립)입니다. 우리 직장 생활인들은 이 부분이 제대로 관리가 안 되면 비참한 현실과 대면해야 합니다. 따라서

이 부분에 대해서 구체적으로 어떤 방법론, 어떤 도구를 써서 할 것인지는 또 다른 주제이긴 하지만 어쨌든 개인적으로 관리가 필요한 영역입니다.

마지막으로는 Fitness(건강)입니다. 건강에 대해서는 아무리 강조해도 지나침이 없습니다. 스스로 건강을 관리하지 않아 하루아침에 건강에 적신호가 온 경우를 주변에서 많이 봤거든요. 건강에 대해서도 스스로 세운 계획을 지속적으로 실천하는 것이 중요합니다.

5장

위기 관리, 이기는 습관

준비된 자만이 어려울 때에 진가를 발휘한다

회사가 도산이나 파산 위기에 있는 것은 당신이 조직 생활을
하는 데 있어서 가장 위험한 신호일 것이다. 물론 고통스럽고
피하고 싶은 상황이지만 직장을 잃었다고 당신의 인생이
끝나는 것은 아니다. 하나의 문이 닫히면 또 다른 문은
열린다고 했다. 당신의 우산이 되어줄 조직이 없다고 해서
당신의 정체성까지 흔들릴 필요는 없다. 변화의 의지를
가지고 현실적인 방안을 찾아나가면 오히려 위기가
전화위복이 될 수도 있다.

35

회사가 어수선할 때는 납작 몸을 낮춰 때를 기다린다

⋮

갈수록 고용시장이 불안해지고 있다. 2008년 금융위기 이후로 기업에서는 구조조정의 태풍이 빈번하게 불고 있다. 뿐만 아니라 기업들의 합병도 잦아지고 있다. 기업을 사고팔고 하는 경우도 증가해서 회사의 경영진이 바뀔 때마다 직장인들은 후폭풍을 맞는다. 한직으로라도 밀려나는 경우는 그래도 양반이다. 음지에서 칼을 갈면서 다음을 엿볼 수 있는 기회라도 있기 때문이다. 하지만 당신의 이름이 해고자 명단에 끼어 있다면 눈앞은 캄캄해지고 암담해진다.

유감스럽게도 앞으로 기업에서는 이런 구조조정이 상시화될 것이다. 지금 비켜갔다고 해서 안도하기에는 상황이 너무 불안정하다. 조직이 바뀌고 대표이사와 경영진이 바뀌고 직속 상사가 바뀌고 회사의 방향이 바뀐다고 해도 당신은 꿋꿋이 회사를 다녀야한다. 지금보다 더 좋은 회사에서 더 좋은 조건으로 스카우트되어 가기 전까지는. '강한 자가 살아남는 게 아니라 살아남는 자가 강한 것이다'는 말을 명심해야 한다.

우두머리가 바뀌면
조직에는 도미노 현상이 일어난다

일단 기업의 대주주가 바뀐다는 것은 회사의 주인이 바뀐다는 것을 의미한다. 이렇게 되면 조직에는 도미노 현상이 일어난다. 마치 하나의 조각이 넘어지면서 전체 조각들이 줄줄이 넘어지듯 조직에도 이런 현상이 나타난다. 기업의 맨 꼭대기에 있는 사람부터 시작해 조직의 허리, 무릎에 있는 직원들까지 줄줄이 사탕으로 영향을 받는다.

새로운 대주주 쪽에서는 일반적으로 새로 인수한 회사에 실사단을 투입한다. 인수를 당한 회사의 입장에서는 이들을 '점령군'으로 여긴다. 일단 실사단이 들어와서 회사의 여러 가지 상황을 파악한다. 이를테면, 자금 상태, 조직관리 상태, 사업진행 상태 등을 점검한다. 그리고 새로운 대표이사와 임원진이 꾸려갈 형태로 사업 분야를 조정한다. 또한, 대표이사가 취임하기 전에 간략한 조직 개편을 단행하는 경우도 있다. 새로 취임한 대표이사는 몇 달 동안 회사가 돌아가는 것을 지켜본 후 본격적인 구조조정을 단행한다. 새로운 대표이사가 취임한 후에 하는 구조조정은 변동 규모가 크다. 왜냐하면, 요소요소에 새 주인의 사람들을 새로 심어놓기 때문이다.

따라서 조직 개편은 불가피하고 누군가는 잘려나가야 한다.

그럼, 누구부터 시작해서 누구까지 잘릴까? 이전 대표이사의 경우는 대부분 새 대표이사가 취임하기 전에 사임을 한다. 또한 재무담당이사(CFO)도 함께 바뀔 가능성이 크다. 또한 인사나 관리를 담당했던 임원도 위험하다. 왜냐하면 기업의 핵심요소는 돈과 사람이므로 그 중요한 재원을 새 대표이사가 직접 관리하기 위해서이다. 그 다음은 직급이 높은 순부터 명예퇴직의 권유를 받는 경우가 많다. 임원급, 차·부장급, 팀장급들이 그 대상이다. 그 다음 대상자는 팀장이나 본부장의 눈 밖에 났던 팀원들이다. 치밀하고 용의주도한 상사들은 마음에 들지 않는 부하가 있어도 평상시에 내색하지 않는다. 적어도 대의적인 명분이 생길 때까지는. 이들은 안타까운 표정을 지으며 회사의 방침이기 때문에 자신도 힘이 되어주지 못해 무기력증을 느낀다며 비통해 하는 모습으로 다음과 같이 회사의 방침을 전달할 것이다. 새 경영진에서 직원 수를 줄이라고 하는데 몇몇 팀들이 하나의 팀으로 통합되면서 아무개 씨와 당신의 업무가 겹쳐지는 부분이 있어 위에서는 당신을 퇴출하라고 지시가 내려왔다고.

후폭풍을 맞은 직원들은 불안에 떤다

회사의 대주주나 대표이사가 바뀌면 직원들은 뒤숭숭해서 몇 달간 일을 잘 못한다. 대표가 바뀌면 임원, 팀장, 나의 직속 상관까지 줄줄이 사탕으로 비뀔 확률이 높기 때문에 일에 가속을 붙여서 추진력 있게 밀고 나가지 못한다. 불안해서 업무에 집중도 안 되고 업무가 끝나면 동료들과 삼삼오오 모여서 술잔을 기울이며 속을 달래는 것이 일과가 된다.

하루하루가 살얼음판을 걷는 것 같다. 당신이 이 회사를 얼마나 더 다닐 수 있을지, 설사 살아남았다고 하더라도 몇 달 후에 있을 구조조정에서도 이대로 있을지는 여전히 불안하다. 요즘 기업들은 사람을 내치기만 하고 뽑지 않으니 회사를 옮기는 것도 만만치 않다. 설사 다른 회사로 옮긴다고 해도 직장 생활을 앞으로 얼마나 더 할 수 있을지도 의문이다. 별 뾰족한 수가 없으니 갑갑함은 배가된다.

당신의 책상을 사수하는 게 목적이라면

조직이 흔들린다고 해도 우왕좌왕하지 말아야 한다. 일단 자신의 신변에 변화가 있으면 회사에서 제시하는 조건을 먼저 들어 보아야 한다. 물론 마음에 들 리가 없다. 팀장을 팀원으로 가라고 할 수도 있고 새로운 팀을 하나 만들어서 기존의 팀들을 다 쓸어 넣고 엉뚱한 업무를 맡으라고 할 수도 있다. 혹은 엉뚱한 소속이나 지방에 있는 곳으로 가라고 할 수도 있다. 연봉이 깎이고 보직이 낮아질 수도 있다.

이럴 경우, 회사를 그만둘 의사가 없다면 일단은 회사에 남는 것을 최우선으로 해야 한다. 타인에 의해서 책상을 빼야 하는 최악의 상황이 당신의 눈 앞에 펼쳐지지 않게 해야 한다. 일단은 조직 어딘가에든 살아남아 있어야 나중에 다시 올라갈 기회도 생길 수 있기 때문이다. 마음이 불안할 때 결정하면 일을 그르치기 쉽다. 아직 자신의 신변에 변동이 결정된 것도 아닌데 뜬소문만 듣고 자신을 괴롭히고 초조해 할 필요 없다. 설사 회사측으로부터 성에 차지 않는 자리를 제안 받았다고 해도 마찬가지다. 일단 당신의 마음 속에서 일어나는 전쟁을 휴전시켜야 한다. 조직의 횡포에 자존심이 상하더라도 일단 안 좋은 자리라도 차지 말고 고수해야 한다. 지금 회사를 다니면서 다른 회사를 알아보든지 아니면 지금 회사에서 복지부동할지 일단 회사를 더 다니면서 결정해도 늦지 않다.

이에 비해 더욱 고통스러운 상황은 명예퇴직의 권유를 받는다거나 해고통지서를 받았을 때이다. 만약 회사를 떠나야만 하는 상황이라면 되도록 회사로부터 받을 수 있는 혜택과 금전적인 보상도 잘 챙기는 게 현실적이다. 나가기로 결정했다면 남아 있는 동료들에게 하소연을 하거나 뒷말을 퍼뜨리지 말고 당당하고 쿨한 뒷모습을 보이는 것이 좋은 인상을 남긴다.

적당한 때가 아닐 때는 억지로 하면 역효과 난다

신념이 있고 장기적인 안목이 있는 사람들은 다급하다고 해서 조급함을 드러내지 않는다. 시기적으로 좋지 않을 때 그들은 목소리를 낮추고 몸을 납작하게 엎드린 채로 때를 기다리는 현명함이 있다. 자신의 상황을 비관하지 않고 잠시 흐르는 대로 두고 본다. 살다 보면 마음대로 안 될 때가 많다. 그럴 때 그들은 억지로 뭘 바꿔보거나 거스르려고 하지 않고 조용히 때를 기다리는 방법을 선택한다.

36

불안하면 실수한다
바닥까지
보이지 않는다

:

중견기업에서 근무하는 유종호 과장은 한 회사에 5년째 근무하는 동안 세 번이나 부서를 옮겨 다녔다. 그가 일을 못해서 이런 일이 생긴 건 아니다. 그는 깔끔한 업무 처리 솜씨로 회사에서 인정을 받고 있었다. 하지만 회사의 상황에 따라 조직 개편이 될 때마다 유독 그에게는 변화가 많은 편이었다. 그는 이 회사에 근무를 하면 할수록 개인적으로는 자신만의 전문 분야가 없어진다는 생각 때문에 진로에 대한 고민을 안 할 수 없는 상황이었다. 지금은 기획업무를 보고 있지만 그의 전문 분야는 해외마케팅 업무였다.

그가 이 회사를 계속 다니려면 회사에서 제시하는 부서로 계속 옮겨 다녀야 할 확률이 높았다. 그는 유난히 조직 개편이 잦은 이 회사에 다니면서 개편 때미다 가슴을 조이며 사는 짓은 그만하고 싶어 했다. 정작 본인이 하고 싶은 업무는 해외마케팅 쪽인데 지금 회사에서는 그쪽 팀의 팀워크가 워낙 탄탄해서 끼어들기가 어려운 상황이다. 아니면 해외마케팅 업무를 할 수 있는 다른 회사로 옮길 생각도 했다. 새 회사에 가면 적어도 1년은 인정을 받기 위해 정신없이 일해야 하고 업무의 성격상 해외 출장도 자주 나가야 한다. 하지만 몸이 약한 아내 대신에 두 아들을 챙겨야 하는 그로서는 선뜻 엄두가 나지 않았다. 결국 그는 이 회사에 남아 있어도 다른 회사로 옮기는 것도 쉽게 정하기가 어려웠다. 어떤 선택을 해도 위험부담을 감수해야 하는 상황이라 선뜻 결정을 내리지 못하고 고민만 한 지가 벌써 1년이 넘었다.

그런데 요즘 회사에서는 또다시 조직 개편이 한창 진행 중이다. 자신의 자리가 위태롭다는 소문을 듣고 마음이 다급해진 유종호 과장. 그는 전 직장 상사에게 급하게 SOS를 쳤다. 그래서 해외 마케팅을 할 만한 회사로 옮기고 싶으니 회사를 추천해달라고 부탁했다. 전 직장 상사는 지금 회사보다는 규모가 작지만 꽤 탄탄한 회사인 A사에 있는 지인을 통해 그가 면접을 볼 수 있도록 해주었다. 그의 일처리 솜씨를 잘 알고 있었기에 전 직장 상사는 자신 있게 그를 추천했던 것이다. 그는 A사 임원들과의 면접도 잘 치렀고 그쪽 회사에서는 채용을 금세 결정했다. 처우 문제에 대해서도 동의를 하고 입사일자는 그가 조정해서 알려주기로 하고 일단락이 된 상태였다.

그런데 며칠 지나면서 회사가 돌아가는 상황을 보니 자신에게 불리하지 않았다. 본인이 원한다면 더 다닐 수 있는 상황이었다.

결국 고심 끝에 그는 지금의 회사에 남기로 마음먹었다. 그렇게 마음을 정하고 나니, 무엇보다도 중간에서 소개를 해준 자신의 전 직장 상사가 가장 마음에 걸렸다. 그래서 전 직장 상사에게 찾아가서 옮기고 싶지 않다는 의사를 표현했다. 자신을 잘 이해해줄 것이라고 생각했던 유종호 과장의 생각은 오산이었다. 중간에서 난처해진 전 직장 상사는 신중하지 못한 유종호 과장의 처사에 유감을 표했다. 또한 그의 경솔함에 대해 씁쓸함을 감추지 않았다.

불안하면 그냥 지나갈 일을 긁어 부스럼으로 만들기 쉽다

유종호 과장과 같은 경우는 히든 카드를 너무 일찍 꺼내 쓰는 실수를 범한 케이스이다. 불안하고 조급하면 서두르기 쉽고 서두르면 초라해지기 십상이다. 또, 실수하기도 쉽다. 불길한 뉴스를 들었다면 적어도 그날 당일은 마음을 가라앉히는 게 좋다. 성급하게 움직이는 것이 화를 자초하기 때문이다. 불안하면 그냥 지나쳐도 되는 일을 괜히 긁어 부스럼을 만들 수 있기 때문이다. 이렇게 되면 오랫동안 쌓아왔던 당신의 이미지가 하루아침에 약삭빠른 사람, 신중하지 못한 사람으로 전락해버릴 수 있다.

우선 회사에서 자신의 자리에 대한 불안감을 느끼면 일단 자기 자신과 대화해야 한다. 그래서 앞으로 일어날 일에 대해 가상 시나리오를 적어도 세 개쯤 생각해보고 그에 따르는 대응책을 찾아보면 불안감을 줄일 수 있다. 그 다음에 자신에게 도움을 줄 수 있는 사람들에게 요청을 해도 늦지 않는다. 아무리 마음이 복잡하고 불안하더라도 다른 사람에게 다급함을 보이는 것은 어리석은 사람들이 범하는 실수이다.

37

각자대표 체제에서는 고래들 틈에서 새우 등 터진다

⋮

한 회사마다 한 명의 사장이 기업을 운영하는 것이 일반적이다. 하지만 기업의 경영 환경이 다양해지면서 업계에서는 각자대표나 공동대표 체제도 이제 어렵지 않게 볼 수 있다. 이들 체제를 구분하는 기준은 최종 의사결정권을 누가 갖느냐에 달려 있다. 단독 체제는 가장 일반적이면서도 단순하다. 하지만 각자대표 체제는 두 명의 대표이사가 존재하며 각각 다른 영역을 책임지고 그에 대한 권한과 결재권을 갖는 형태이다. 한편, 공동대표 체제는 두 명의 대표이사가 기업 전반에 대한 의사결정을 함께 상의해서 결정하는 체제이다. 다시 말해 각자대표 체제는 결재권을 쪼개서 각자 일부를 갖는 것을 말하며 공동대표 체제는 결재권을 한 사람당 하나씩 갖고 있는 체제라고 이해하면 쉽다.

만약 대주주가 각자대표 체제를 주문하면 기존 대표이사나 새로운 대표이사, 직원들까지 조직 전체가 업무를 추진하는 데 혼란스럽고 복잡해진다. 대주주가 이런 체제를 내리는 이유는 기존 대표이사에 대한 경고라고 해석할 수 있다. 동시에 이런 부담스러운 경영 환경에서 새로운 대표이사의 뚝심과 능력을 테스트 해보려는 의도도 숨어 있다. 이 체제 하에서는 기존 대표이사의 만회 노력과 신임 대표이사의 의욕이 불꽃 튀는 경쟁을 벌이게 된다. 보이지 않는 치열한 전쟁이 시작되는 것이다. 따라서 두 대표이사는 매사에 예민해지며 서로를 의식하게 되어 있다.

지금까지 대표이사를 맡아왔던 사람의 경우는 인사권과 결재권을 나누어 가져야 하기 때문에 자존심도 꽤나 상한다. 그래서 의기소침해지고 위축될 수밖에 없다. 따라서 자신감을 잃은 기존의 대표이사는 직원들의 예전 같지 않은 사소한 언행에도 섭섭함을 느낀다. 사실 경쟁자보다도 더 의식하는 대상은 직원들이다. 내 사람이라고 생각했던 사람이 저쪽 줄에 가서 서 있는 것을 보면서 배신감을 느끼기도 한다.

대표이사 두 명은 시어머니 두 명 모시는 것처럼 어려운 일

직원들의 입장에서는 가시방석이 따로 없다. 예전 같으면 팀장-임원-대표이사 순으로 결재를 올리면 됐다. 하지만 각자 대표체제에서는 사안마다 결재를 받아야 하는 대표이사를 선택해서 기안을 올려야 한다. 프로세스 대로 일을 하려면 신임 대표의 스타일도 파악하고 거기에 적응도 해야 한다. 실세는 신임 대표다. 하지만 몇 년 동안 모셨던 기존 대표이사를 모른 척할 수도 없는 노릇이다. 지금 상황이야 이렇지만 또 상황이 어떻게 변할지 모르기 때문이다. 결국 두 대표이사에게 눈 밖에 나지 않도록 세심한 신경을 써야 하는 것이다.

한편, 기존 대표와 신임 대표가 업무 스타일이 전혀 다르다면 어느 장단에 춤을 춰야 할지 모른다. 대표이사 두 명을 모시는 것은 시어머니 두 분을 모시고 사는 것보다 더 신경 쓰이는 일이다. 잘해야 본전이고 한쪽으로 치우쳐진다 싶으면 눈 깜짝할 사이에 줄 서는 사람이 되어버리기 때문이다. 자신도 모르게 어느 줄에 서 있는 사람으로 분류된다. 그런데 그 줄이 단단한 동아줄인지 썩은 동아줄인지는 당시에는 알 수 없기 때문에 어느 줄이든 안전하지 않다. 오히려 줄에서 빗겨나 있는 게 더 안전하다.

이런 상황에서는 되도록이면 양쪽 대표이사의 눈에 잘 안 띄는 것도 좋은 방법이다. 그리고 사내의 어떠한 무리나 집단에서도 떨어져 나와 독자적으로 행동하는 것이 더 안전할 수 있다. 어느 편이라는 의심의 눈초리에서 해방될 수 있기 때문이다. 이런 상황에서는 자신의 맡은 업무에만 집중하는 모습을 보이는 게 가장 무난하다. 다행히 이런 체제는 오래 유지되지 않는다. 몇 달에서 길어야 1년이다. 어정쩡하고 불편한 상황이지만 별 뾰족한 수가 없다. 시간이 해결해줄 것이라고 생각하고 기다리는 수밖에는.

인내심도 경쟁력이다
어려울수록
자신과 싸운다

38

:

몇 년 전 MTV에서 본 인터뷰 프로그램 중에서 아직까지도 생생하게 기억에 남는 장면이 있다. 미국을 대표하는 영화배우 중의 한명으로 꼽히는 '톰 행크스'를 인터뷰 하는 장면이었다. 사회자가 그에게 '오늘의 이 자리까지 오게 된 것은 무엇이라고 생각하십니까?'라고 묻자 그는 뜻밖에 '인내심'을 꼽았다. 그는 첫 영화의 흥행에도 불구하고 7년 동안이나 공백기를 가졌다. 영화가 흥행을 했는데도 방송국에서는 자신을 불러주지 않았다고 한다. 그렇게 꼬박 7년을 보낸 후에 <포레스트 검프>라는 영화를 찍게 되었고 그 이후부터는 승승장구했다. 너무 힘든 세월이지만 그는 다시 기회가 올 때까지 기다렸다고 한다. 포기하고 싶었지만 그 고통의 시간을 어렵게 참고 견뎌낸 것이다. 그는 인내심이 경쟁력이 될 수 있다는 것을 강조했다.

묵묵히 기다린다는 것, 참아내는 것은 고통스럽다. 피해갈 수 있다면 좋겠지만 그렇지 못할 경우가 더 많다. 그렇다면 인내심도 능력이라고 생각할 필요가 있다.

인내심에 관해서라면 어린이를 대상으로 한 '마시멜로 실험'을 통해서 그 위력을 잘 알 수 있다. 우선 아이들에게 그들이 좋아하는 마시멜로를 나누어주면서 지금이 아니라 15분 후에 먹으면 하나를 더 주겠다고 했다. 대부분의 아이들은 기다리지 못하고 15분 전에 먹어버렸다. 반면 아주 소수의 아이들은 15분이 정확하게 지난 후에 먹었다. 물론 이들은 먹고 싶은 마음에 마시멜로를 만지작거리고 냄새도 맡고 입을 벌려 먹는 시늉을 하기도 했다. 하지만 정확하게 시간을 지켰다. 재미있는 것은 이렇게 15분을 견딘 아이들에게 마시멜로를 하나 더 주자 그들은 그 자리에서 먹지 않았다. 나중에 집에 가서 먹겠다고 아껴두었다. 실험은 여기에서 끝나지 않았다. 20년이 지난 후에 이 어린이들의 삶을 재조사했을 때 놀라운 결과를 발견했다고 한다. 유혹을 참고 시간을 지킨 아이들이 좋은 학교에 진학하고 사회적으로도 성공한 확률이 높았다고 한다.

참는 습관, 이기는 습관이 성공을 가져다준다

이는 어린아이들의 인내심, 자제력이 인생에 있어서 어떤 작용을 하는지를 관찰하기 위한 실험이다. 아이들에게 있어서의 15분은 어른에게는 네 시간 정도로 느껴질 만한 긴 시간이라고 한다. 사람의 습관이란 이렇게 중요하다. 어릴 때부터 참을 줄 알고 본능적인 유혹과 싸워서 이길 줄 알면 성인이 되어서도 힘들고 어려운 일이 있어도 견뎌낼 수 있다는 것이다.

어떻게 보면, 성공과 인내심의 관계는 동전의 양면과도 같다. 어려움을 견뎌낼 수 있으면 성공의 문턱을 넘어설 수 있다. 그리고 또 성공하려면 위기와 난관을 참고 견뎌내야 한다. 그리고 그 누구보다도 자기 자신과의 싸움에서 이겨본 경험을 해본 사람들은 더욱 성공의 문턱에 가까이 갈 수 있다. 왜냐하면 자신과 싸워서 이기는 사람이라면 다른 사람과의 싸움은 더 쉽게 이길 수 있기 때문이다.

운명과 겨뤄보겠다는 집념이 있으면 인내할 수 있다

우리는 자기 자신을 이기는 연습을 해야 한다. 자신의 어려움과 싸우는 것은 적을 만들지 않고도 스스로 나아지는 방식이다. 승리한다고 해도 아무에게도 상처를 주지 않으면서 자신감을 얻을 수 있다. 가장 어려운 싸움은 자신과의 싸움이며, 가장 가치 있는 진보는 자신의 어제보다 나아지는 것이다. 덤으로 다른 사람의 인정도 받을 수 있다. 적은 없고 추종자가 많아지는 승리처럼 운 좋은 성과는 없지 않은가.

어려운 상황을 이기려면 어떻게 해야 하는가? 간단하다. 힘들어도 포기하지 않으면 된다. 참고 견디면 된다. 실력을 키우면서 때를 기다리면 된다. 엉덩이 힘을 기르면 된다. 뭔가 더 잘 안 풀릴 때일수록 우왕좌왕 여기저기 기웃거리지 말고 엉덩이를 바짝 붙이고 앉아 실력을 키우는 데 집중하면 된다. '인생과 한번 맞장 뜨겠다. 내 운명과 겨뤄서 이겨보겠다'는 집념을 가지고 문제에 매달리다 보면 원하는 방향으로 일이 풀려나간다. 어려울수록 자신과 싸워라. 분명, '쨍하고 해 뜰 날'은 온다.

인내란 내가 버틸 수 있는 최대치가 어디인지 그것을 나 스스로 아는 것이다. 인생이라는 마라톤을 뛰는 데 있어서 내 한계치를 안다는 것은 큰 힘이 된다.

무능한 직속 상사에게는 정공법보다는 우회법을 쓴다

39

:

　　H은행의 외환부서에서 근무하는 이지훈 과장. 그는 한 대기업에서 사회생활을 시작해서 지금의 H은행까지 오는 동안 사내에서 보는 시험에서는 늘 2등 자리를 도맡아했다. 덕분에 첫 직장 때는 우수사원으로 선정되어 회사에서 보내주는 유럽 여행을 다녀왔다. 또 몇 년 전에는 은행에서 보내주는 캐나다 MBA과정을 밟고 오기도 했다.

　　공부를 마치고 2년여 간의 공백을 갖고 난 뒤 출근을 해보니 그의 직속 상사가 바뀌어 있었다. 한마디로 고집불통 스타일의 새로운 상사 때문에 이 과장은 마음고생을 좀 해야 했다. 하지만 지금은 새 상사가 누구보다도 든든한 이 과장의 후원자가 되었다.

　　사실 이 과장의 상사는 고집스럽기만 하지 사내에서 업무적 능력으로는 좋은 평가를 받지 못하는 사람이었다. 새로운 일을 벌이는 것도 싫어하고 부하들에게는 나이와 직급으로 밀어붙이는 권위적인 유형이었다. 그래서 의욕적인 이 과장에게 딴지도 자주 걸었다.

그래서 의욕을 잃은 이 과장은 한때 상사가 시키는 일만 처리했다. 자신은 100을 할 수 있는데 시키는 것은 50정도이니 하는 일이 재미있을 리가 없었다. 자신은 100도 너끈히 할 수 있는 사람이라는 것을 상사에게 피력했지만 상사는 본 척 만 척이었다. 그래서 더 좋은 결과가 나올 수 있는 방안을 자신은 알고 있으면서도 상사를 설득하기 위해 부딪치는 게 싫어서 시키는 일만 처리하기도 했다. 결과는 뻔했다. 부서에도 회사에도 피해를 주는 상황이 된 것이다. 생각해보니 이렇게 되면 자신에게도 이득이 될 게 없다는 걸 깨닫고 다른 방법으로 상사를 공략했다. 간단하게 말하면, 정공법보다는 우회법을 쓴 것이었다.

우선 이 과장은 상사의 심리부터 파악했다. 상사가 처리를 잘 안 해준다거나 사사건건 부정적인 의견을 내놓거나 필요 이상으로 비판적이거나 이유 없이 깐깐하게 구는 것은 상사가 자신을 경쟁자 혹은 위협적인 존재로 여기기 때문이라는 것을 알게 되었다. 그래서 상사를 설득할 일이 있으면 직접적으로 나서지 않고 주변의 제3자를 자기 편으로 만든 후, 그들이 상사를 설득하도록 하는 방법을 썼다. 같은 부서의 동료, 관련 부서의 동료, 혹은 상사의 상사를 먼저 자기 편으로 만든 것이었다.

또한 보고서를 제출할 때는 중요한 사안에 대해서는 다른 사안들을 들러리로 세워 오히려 중요 사안이 부각되고 돋보이게 하는 방법을 썼다. 그리고 일단 부서의 실적을 올리고 자신의 성과는 따로 관리했다. 상사와 잘 안 맞는다고 성과에까지 영향을 미치는 것은 자신의 경력 관리에도 마이너스라는 생각이 들었기 때문에 마음을 고쳐먹은 것이었다.

유능한 후배로 인해 자신의 무능함이 더 도드라지게 비교가 되는 것 같아 속이 편하지 않던 상사는 이 과장에 대한 마음의 장벽을 허물어갔다. 시간이 지날수록 상사는 이 과장에게 의지하게 되었다. 그가 부서에 기여하는 실적도 상사에게는 큰 힘이 되고 상사를 존중하는 태도도 다른 직원들에게도 본보기가 되었기 때문이다.

유능한 직장인은 회사를 옮기는 것이 아니라 상사를 옮긴다

일반적으로 무능한 상사를 모셔야 하는 유능한 부하의 입장에서는 스트레스를 많이 받는다. 부하의 입장에서는 회사가 자신의 능력을 인정한다는 것을 알기 때문에 회사에 요청을 하고 싶어 한다. 자신을 다른 부서에 보내주든지 아니면 자신의 상사를 바꿔달라고 말이다. 그러나 이것은 매우 위험한 발상이다. 고수들은 이렇게 무리수를 두지 않는다.

사리분별을 할 줄 아는 부하들은 다르다. 정말로 이 상사와는 절대로 함께 일을 할 수 없다는 생각이 들면 자신이 다른 부서로 옮기고 싶다고 얘기한다. 상사와의 불편한 관계를 모두 털어놓을 필요

없이 그냥 '다른 업무를 경험하고 싶다'라고 우회적인 핑계를 댄다. 그들은 조직에서는 솔직하게 의견을 털어놓고 옳고 그름을 따지고 정공법을 고수하는 것만이 능사가 아니라는 것쯤은 알고 있기 때문이다.

직장을 잃는다고
미래까지 잃는 건
아니다

40

:

　　　　　국내 회계법인에서 M&A를 담당했던 유상무 이
사. 그는 작년 여름 선배의 권유로 미국계 투자회사로 옮겼다. 연봉
과 성과급을 합치면 거의 두 배 이상 많은 연봉을 받고 자리를 옮겼
다. 그러나 세계 금융을 대표하는 이 회사로 옮긴 지 몇 달 되지 않
아 미국 본사에서 파산을 결정하게 되었다. 따라서 전 세계에 퍼져
있는 각국 지사에서 근무하는 직원들은 갑자기 미아가 되어버렸다.
그 불똥은 유 이사에게까지 튀었고 그는 전혀 예상하지 못한 천재지
변과 같은 일을 당한 것이다. 다행히 한국에서는 일본계 금융기관에
서 파산한 회사의 인력을 대다수 흡수하게 되어 지금은 동료들과 함
께 새로운 회사로 옮겨서 근무하고 있다.

　　또 같은 회사의 미국 본사에서 10년간 근무했던 사람도 어처구
니없이 직장을 잃었다. 그래서 지금은 한국으로 돌아와 다른 한국
계 금융회사의 제안을 받아들여 근무하고 있다.

안전한 곳은 없다. 세계적인 회사도
순식간에 무너지는 세상이다

세계적인 금융위기의 여파로 우리는 IMF보다 더한 어려움과 충격을 받았고 또 거기에서 많은 것을 배웠다. 그중 하나가 아무리 거대하고 유명한 회사라도 하루아침에 파산할 수 있다는 사실이다. 또한 위기는 시도때도 없이 나를 위협하고 나에게 변화를 요구하는 것이 현실이다.

회사가 도산이나 파산 위기에 있는 것은 당신이 조직 생활을 하는 데 있어서 가장 위험한 신호일 것이다. 회사나 상사가 마음에 들지 않아서 다른 회사로 옮기는 경우와는 차원이 다르다. 이런 상황에서 당신에게는 선택권이 주어지지 않는다. 당신은 직장을 잃을 수밖에 없는 상황이 되는 것이다. 이는 상황이 당신의 통제권을 벗어난다는 말이기도 하고 경력 관리의 막다른 골목을 만났다는 의미이기도 하다. 물론 고통스럽고 피하고 싶은 상황이지만 직장을 잃었다고 당신의 인생이 끝나는 것은 아니다. 하나의 문이 닫히면 또 다른 문은 열린다고 했다. 당신의 우산이 되어줄 조직이 없다고 해서 당신의 정체성까지 흔들릴 필요는 없다. 변화의 의지를 가지고 현실적인 방안을 찾아나가면 오히려 위기가 전화위복이 될 수도 있다.

당신의 인생에서는 감동적인 역전승도
패자부활전도 일어난다

대한민국의 30대 직장인들은 자신의 진로에 대해 처절하게 고민해야 하는 마지막 시기이다. 자신을 끊임없이 업데이트해서 조직의 일원으로 살 것인지 아니면 다른 일을 시작할 것인지를 선택해야 할 때다. 월급이라는 마약에 중독되어 고통스러운 환경에서 스스로 헤어나오지 못했다면 오히려 이런 위기 상황이 커리어를 장기적으로 계획하는 데 도움이 될 수 있다. 지금의 멈춤이 영원한 멈춤이 아님을 알면 다시 힘을 얻어 나아갈 수 있다. 넘어졌을 때 신발 끈을 다시 묶을 수 있다면 멀리 오래갈 수 있기 때문이다.

당신의 인생 드라마에서는 막판 뒤집기도 패자부활전도 역전승도 모두 감동적으로 일어날 것이다. 당신 자신을 믿어라.

어느 미국 회사의 해고 방식

미국 나스닥에 상장된 IT기업에서 근무하는 제이슨은 퇴근 전에 메일 한 통을 받았다. 알고 보니 회사 인사팀에서 전 직원들에게 메일을 보낸 것이었다. 내일 아침 9시까지 사내의 어떤 장소로 모이라는 내용이었다. 그런데 사람들마다 모이라는 장소가 달랐다. 영문을 모른 채, 다음날 아침 직원들은 메일에 쓰여 있는 장소로 갔다.

총 네 곳 중 세 곳에서는 오랜만에 만난 직원들이 티타임을 가졌다. 하지만 나머지 한 곳에는 다른 일이 벌어졌다. 그 곳에는 인사팀 직원이 들어와서 그 자리에 있는 사람들은 그날로 해고됐다는 사실을 통보하고 사라졌다. 자리로 돌아온 해고자들은 짐을 싸기 시작했다. 그들이 짐을 싸는 동안, 옆에 서서 그들이 짐 싸는 것을 지켜보는 사람들이 있었다. 업무와 관련된 문서나 자료, 컴퓨터의 데이터를 가져가는지 감시하는 사람들이었다.

전날까지도 퇴근 후에 맥주를 한잔하며 우스갯소리를 하던 동료지간이었는데 다음날은 완전히 희비가 교차되었다. 미국 회사에서는 상사가 미리 해고에 대한 언질을 주는 경우도 별로 없다. 이런 술래잡기 놀이 같은 짓을 이 회사에서는 1년에 두어 차례씩 하고 있다고 한다.

현장
인터뷰 7

나를 괴롭히는 사람이
나를 키우는 스승이라고 생각하세요

인치범 (SK커뮤니케이션즈 홍보팀 팀장)

홍보밥 14년. 다양한 회사에서 근무한 언론 위기 관리 분야의 베테랑

그는 사회 초년생일 때부터 지금까지 14년간 다양한 회사에서 근무했다. 하지만 홍보업계를 떠난 적은
없다. 이번 인터뷰에서는 많이 부각하지 않았지만 그는 언론에 대한 위기 관리 분야에 있어서는 베테랑
이다. 그래서 종종 9시 TV뉴스를 통해 회사 측의 입장을 전달하는 모습을 보이기도 했다. 다양한 회사에
서 일했기 때문에 언론의 부정적인 공격을 효과적으로 관리한 풍부한 경험의 소유자이다.

한편, 그는 애매하거나 정확하지 않은 표현에 대해서는 그때 그때 정정하고 수정하는 직업병을 가지고
있기도 하다. 이는 업무적으로는 물론이고 사적인 커뮤니케이션에서도 적용되는 데 밉지 않은 고질병의
하나이다. 그런데 이번 기회에 또 한 가지 증상을 발견했다. 회사 홍보와는 대조적으로 본인을 홍보하는
데는 울렁증을 가지고 있다는 점이다.

Q1. 당신의 주요 업무와 전문 분야는 무엇입니까?

처음 직장 생활을 시작한 곳은 삼성생명이었고 그 이후에 한글과 컴퓨터, 삼성테스코, SK커뮤니케이션즈 등 다양한 산업 분야에서 일관되게 PR 업무만을 담당했습니다.

PR팀은 소속한 회사와 각각의 공중(公衆) 사이에서 소통(疏通) 즉 커뮤니케이션을 담당하는 역할을 합니다. 회사의 뉴스, 비전, 긍정적 이미지 등 다양한 메시지를 공중에게 전달하고 공중으로 받은 피드백을 회사로 전달하는 순환 과정을 담당합니다. 일반적으로 PR이나 홍보 업무를 말하면 대 언론 관계를 주로 생각하는데 그 외에도 PR 즉 공중을 대상으로 한 커뮤니케이션 기획, 위기 관리 등이 저의 주요 업무입니다.

Q2. 직장 생활을 하면서 가장 보람을 느꼈던 일은 무엇입니까?

앞서 설명한 대로 홍보팀장의 주요 업무 중 하나인 PR 커뮤니케이션 기획이나 위기 관리에서 성과를 냈을 때입니다. 소프트웨어 회사의 홍보팀장을 맡은 지 얼마 안 되었을 때였어요. 당시 그 회사는 과거 명성과 달리 한물 간 회사라는 인식이 강했습니다. 새로 취임한 사장님은 이런 이미지를 극복하고 싶어 했죠. 수많은 기획회의를 거듭했지만 이렇다 할 아이디어가 나오질 않았습니다.

그러던 어느 날 새벽 세 시에 혼자 포장마차에서 소주를 한잔하다가 취객들의 이야기가 귀에 들어왔습니다. '앞으로는 CEO이든 대통령이든 IT를 모르면 힘들 것'이라는 내용이었어요. 당시 대통령은 IT에 대한 관심과 조예가 깊기로 유명한 분이었습니다. 기자들 사이에 매일 IT전문지를 꼭 챙겨본다는 루머까지 있을 정도였으니까요. 정말 그렇다면, 국가 수장의 관심사안이니까 정부부처, 공공기관, 교육기관, 일반회사에서도 관심이 일어날 것이라고 생각했습니다. 다음날부터 국산 SW 우수성, 국내 SW 회사가 글로벌 시장에서 성공했을 때 국가경제에 주는 파급 효과, 외산 SW에 의한 국가적인 정보 종속 위기 상황 우려, 세계 각국의 SW 육성 노력 등을 공격적으로 끊임없이 커뮤니케이션했습니다.

애국심에 호소하는 것에서 국산 SW 산업의 중요성을 알리는 것으로 커뮤니케이션 방향을 전환한 게 주효했던 것 같습니다. 회사 내 모든 인력의 총력 지원이 있었지만 아이디어의 단초를 제공하고 주된 기획을 한 공로로 특진을 할 수 있었죠. 차장을 단 지 1년 만에 부장으로 승진했습니다. 회사에서는 팀을 실로 격상해주었고요. 추후에 사장님으로부터 마케팅팀까지 맡아보지 않겠느냐는 제안까지 받아서 나름 우쭐하기도 했었습니다.

Q3. 회사나 상사 때문에 야기된 직장 생활의 위기가 있었다면
그것을 극복한 경험을 소개해주세요.

앞서 말씀드렸지만 PR은 공중 관계를 다루는 부서입니다. 공중에 대한 소통은 사실(fact)에 기반해야 하고요. 사실에 근거하지 않은 공중 관계의 소통은 일시적으로는 회사에 이득을 가져올 수 있지만 단기적, 장기적인 입장에서 보면 모두 심각한 위기를 가져온다는 것이 제 확신입니다. 기업 이미지나 윤리에 치명타를 가져올 수 있기 때문입니다. 지금까지 직장 생활을 하면서 이런 문제로 회사를 그만둘 생각을 한 적이 한 번 있었습니다.

이전에 모회사에 근무할 때였는데 해외 사업을 담당하시는 한 임원분이 계셨습니다. 사업 초창기였기 때문에 해외영업의 성과가 계획했

던 것보다 자꾸 미뤄지는 상황이었습니다. 그러던 중 해외 A사와 양해각서(MOU)를 체결하는 데까지 진척이 있었습니다. 그리고 곧 매출 계약도 체결될 예정이니 양해각서 체결을 알리면서 매출계약도 거의 체결된 것으로 공중에 발표하자는 지시가 내려졌습니다. 당시 주식담당(IR)팀과 상의 후에 홍보팀장인 제가 대표해서 임원분께 반대 의견을 보고했습니다. 그렇게 발표를 했다가 혹시라도 계약이 무산되면 오보임을 밝혀야 하는데 이것은 기업윤리에도 어긋나는 일이니까요. 예상대로 그 후에 계약은 무산되어 내부에서는 잘 처리했다는 이야기를 듣고 그 일은 마무리되는 듯했습니다.

하지만 문제는 그 이후에 생겼습니다. 그 임원은 제가 전개하는 업무에 부정이 결부되어 있다는 의혹을 계속 주장하셨습니다. 수 개월 동안 억울하기도 했지만 필요한 부분에 대해서 내외부 인력에게 상대가 이해할 때까지 소명하고 커뮤니케이션했습니다. 일정 기간이 지나서 제 진정성이 받아들여졌고 회사 내외부에서 그런 의혹이 사라졌습니다. 몇 개월 동안은 정말 힘든 시간을 보냈지만 오히려 더 성실하고 열정적으로 일하는 계기로 삼았습니다. 나중에 그 임원의 진심어린 사과도 받았죠. 원칙에 충실하다 보면 뜻하지 않은 난관을 만나게 된다는 것을 깨달은 소중한 경험이었습니다.

Q4. 조직에서 원활한 인간관계를 가져가기 위해
　　　어떤 노력을 하고 계신가요?

조직에서 일을 하다 보면 자기와 반대되는 의견을 내는 사람, 사사건건 자기에 대해 업무상 시비를 거는 사람들이 반드시 있습니다. 사실 이분들이 진정한 '멘토'라고 생각해야 합니다. 또 내가 보기에 말도 안 되는

실수를 하는 사람들이 있습니다. 후배건 선배건, 상사건 너무 어이가 없는 실수를 하는 것을 보면 답답하기조차 합니다. 회의 시간에 정말 바보 같은 의견을 내는 걸 보면 속으로 비웃기도 하죠. 이럴 때마다 저는 남들이 보기에 저에게도 그런 점이 있을 것이라고 생각합니다. 즉, 남에게는 다 보이지만 나만 안 보이는 부분, 나는 보이지만 남에게는 안 보이는 부분이 존재한다고 생각하는 것이지요. 그래서 나를 위해서 또 남을 위해서 그 보이지 않는 부분을 보려는 훈련을 합니다. 그래서 조직 생활에서 항상 남을 배려하고 잘 듣고 이해하는 사람으로 자리매김하려고 노력하고 있습니다.

Q5. 직장인 후배들에게 남기고 싶은 조언이 있다면 한마디 해주세요.

인간은 완전하게 합리적이지 못하다고 합니다. 합리적이지 못한 우리가 직장 생활에서 원하는 목표를 달성하려면 어떻게 해야 할까요? 저는 반드시 자기(self)만의 규율(discipline)이 필요하다고 봅니다. 자기규율이라는 말은 성공한 사람, 성공한 직장인의 공통분모가 아닐까하고 생각해요. 자기 규율은 자신이 세운 자기만의 규율이고 행동강령이죠. 지키지 않는다고 아무도 나무라지도 않으며 겉으로 표시나지도 않습니다. 그저 자신과의 약속인 거죠. 계획이라고 표현할 수 있습니다. 그런데 우리는 지금까지 기억할 수 없을 정도의 많은 계획을 세우지만 그중 상당수를 실행하지 못하고 있습니다. 그러면서 자기 합리화를 합니다. 그러면 자기 규율을 지킬 수 있는 방법은 무엇이 있을까요? 가장 쉬운 방법은 습관화(習慣化)일 것입니다. 저는 자기 규율(self-discipline)의 습관화를 직장에서 성공하는 방법의 하나로 권하고 싶습니다.

감사의 글

　　　　　이 책을 쓰는 동안에 가장 많이 떠오르는 얼굴이 있었다. 가장 많은 배움을 주신 유승삼 사장님이시다. 내가 사회 초년생일 때 유승삼 사장님은 상사이자 스승이었다. 직장인으로서 가져야 하는 철학, 조직원으로서 느껴야하는 책임감과 자신감 등을 그분을 통해 배웠다. 그때 그분과 일할 기회가 없었더라면 그리고 팍팍한 담금질을 잘 견뎌내지 못했더라면 지금의 나는 어떤 모습을 하고 있을지 잘 상상이 가지 않는다. 그리고 나의 상사로서 감사하게 생각하는 분이 한 분 더 있다. 백종진 사장님은 내가 유승삼 사장님께 배운 기량을 마음껏 펼칠 수 있는 기회의 장을 제공해주신 분이라 감사하다. 남들은 10년에 걸쳐서 겪어봄직한 일과 사람들을 그 반밖에 되지 않는 시간 동안 밀도 있고 치열하게 경험할 수 있게 해주신 것은 감사한 일이었다.

　　한편, 직접 모시지는 않았지만 기회가 될 때마다 업무에 임하는 마음가짐과 합리적인 의사결정방식 그리고 큰 세상에 대한 동경심을 갖게 해주신 최창수 사장님도 스승 중의 한 분으로 생각하고 있다. 힘겨운 선택의 기로에 설 때마다 인생의 지혜를 나누어주시는 박건준 부회장님께도 늘 마음의 빚을 지고 있다.

뿐만 아니라, 이 책에서는 가명으로 처리되었지만 늦깎이 사회초년생에게 본보기가 되어주고 사례가 되어준 나의 선후배와 상사 부하, 그리고 배움을 주신 다양한 기업의 임직원분들께도 감사하다. "당신이 쓴 책이라면 내가 당연히 추천사 써야지"라며 흔쾌히 글을 주신 유앤파트너즈 유순신 사장님께도 감사하다. 바쁜 시간을 쪼개어 자신들의 목소리를 이 책에 정성스레 쏟아준 일곱 분의 직장 생활 선수들의 뜨거운 동지애에 대해서도 고마운 마음을 전하고 싶다. 또한, 이 책이 나올 수 있도록 함께 고민해주신 이콘출판의 관계자 분들도 빼놓을 수 없다.

그밖에도 사랑과 존경 그 이상의 감정이 존재한다는 것을 알게 해준 가족들과 늘 응원해주는 친구들, 그리고 뒤에서 나를 위해 기도해주는 분들에게도 감사의 마음을 전하고 싶다.

마지막으로 지금 이 책의 맨 마지막 페이지를 읽고 있는 바로 당신께도 뜨거운 감사의 마음을 꺼내 보이고 싶다.